THE ULTIMATE
DUTCH
PHRASE BOOK

1001 DUTCH PHRASES FOR BEGINNERS AND BEYOND!

BY ADRIAN GEE

ISBN: 979-8-871629-72-7

Author's Note

Welcome to "The Ultimate Dutch Phrase Book." It is my utmost pleasure to guide you on this captivating journey into the depths of Dutch, a language renowned for its harmonious blend of practicality and expressive charm. Whether you're drawn to the picturesque canals of Amsterdam, the rich history of The Hague, or the vibrant tulip fields that adorn the Netherlands, this book is meticulously designed to make your language learning experience as immersive and fulfilling as possible.

As a passionate linguist and an advocate for cultural immersion, I appreciate the intricate process of mastering a new language. This book is a product of that appreciation, tailored to be your trusted guide as you navigate the rewarding path to Dutch proficiency.

Connect with Me: Learning a language is more than just mastering words and grammar—it's an exciting venture into connecting with people and understanding the soul of a culture. I invite you to join me and other language enthusiasts on Instagram: @adriangruszka, where we celebrate the joy of language learning and share our experiences.

Sharing is Caring: If this book becomes a pivotal tool in your language learning journey, I would be deeply honored by your recommendation to others who also value the linguistic diversity of our world. Feel free to share your progress or moments of triumph in Dutch on Instagram, and tag me – I am always thrilled to celebrate your achievements!

Embarking on your Dutch adventure is like exploring a realm rich in cultural heritage, modern innovation, and a welcoming community spirit. Embrace the challenges, celebrate your successes, and enjoy every moment of your Dutch learning experience.

Veel succes! (Good luck!)

- Adrian Gee

CONTENTS

INTRODUCTION

Welkom! (Welcome!)

Whether you're yearning for a stroll along the serene canals of Amsterdam, planning to explore the historic streets of Utrecht, looking to connect with Dutch speakers, or simply embracing the Dutch language out of love, this phrase book is crafted to be your faithful companion.

Embarking on the journey of learning Dutch opens doors to a world marked by its pragmatic beauty, rich cultural tapestry, and a dedication to the straightforward yet profound nature evident in the Dutch way of life.

Waarom Nederlands? (Why Dutch?)

With over 23 million native speakers, Dutch is not just the language of Van Gogh and the vibrant tulip fields, but it's also a key player in European commerce, literature, and innovation. As the official language of the Netherlands and Belgium, it serves as a vital bridge for travelers, business professionals, and all who are drawn to its distinct charm.

Uitspraak (Pronunciation)

Before we dive into the plethora of phrases and expressions, it's vital to acquaint yourself with the rhythmic essence of Dutch. Each language has its unique tempo, and Dutch resonates with a cadence that is both direct and melodious, mirroring the character of its land and people. While its pronunciation might initially appear challenging, with practice, the clear vowel sounds and concise consonants of Dutch can become an enjoyable aspect of your linguistic journey.

Dutch pronunciation is noted for its clear, guttural tones and crisp articulation. The language's characteristic emphasis on certain syllables, the distinct 'g' sound, and its rhythmic flow set it apart from other languages. Mastering pronunciation not only aids in clear communication but also deepens your connection with the Dutch-speaking community.

Nederlandse Alfabet (The Dutch Alphabet)

The Dutch alphabet is also based on the Latin script and consists of 26 letters. Like in English, but several letters have unique pronunciations. Understanding these nuances is crucial for mastering Dutch pronunciation.

Vokalen (Vowels)

A (a): Similar to the "a" in "father."
E (e): Like the "e" in "bed" or a muted "a" as in "able."
I (i): Like the "i" in "sit" or the "ee" in "see."
O (o): Can be like the "o" in "pot" or "boat."
U (u): Similar to the "oo" in "book" or the French "u" in "lune."
Y (y): Rarely used; similar to the "i" in "sit" or the "y" in "happy."

Konsonanten (Consonants)

B (b): As in English "bat."
C (c): Like an "s" in "cent" before "e," "i," or "y," and like "k" in "cat" elsewhere.
D (d): Similar to the "d" in "dog."
F (f): As in English "far."
G (g): A guttural sound, like the "ch" in Scottish "loch" or German "Bach."
H (h): Like the English "h" in "hat."

J (j): Like the "y" in "yes."

K (k): As in English "kite."

L (l): As in English "love."

M (m): Like the English "m" in "mother."

N (n): Like the "n" in "nice."

P (p): As in English "pen."

Q (q): Usually found in the combination "qu" and pronounced like "kw."

R (r): A rolling "r" pronounced at the front of the mouth.

S (s): Like the "s" in "see."

T (t): Like the "t" in "top."

V (v): Similar to the "v" in "victory," but sometimes softer.

W (w): Like the "w" in "water," but with the lips rounded.

X (x): Usually pronounced as "ks," as in "box."

Z (z): Like the "z" in "zebra."

Note that some letters, such as 'c', 'q', 'x', and 'z,' are less common in native Dutch words and often appear in loanwords. When these letters occur, their pronunciation is typically influenced by the rules of the language from which the word is borrowed. Understanding these nuances is key to mastering Dutch pronunciation and fluency.

Dutch Intonation and Stress

Dutch intonation is marked by its directness and clarity, a characteristic feature of this Germanic language. The stress in Dutch typically falls on the first syllable, similar to English.

Common Pronunciation Challenges

Moeilijke Vokaalcombinaties (Challenging Vowel Sounds)

Dutch has its own set of vowel sounds, some of which might be challenging for English speakers. It's crucial to distinguish between these sounds, especially in combinations, as they can change the meaning of words.

Tips for Practicing Pronunciation

1. **Luister Aandachtig (Listen Carefully):** Immersing yourself in Dutch through music, podcasts, films, or TV shows is an excellent way to familiarize yourself with the language's rhythm and intonation.

2. **Herhaal Na Een Moedertaalspreker (Repeat After a Native Speaker):** Practicing with a native Dutch speaker, whether in person or through language exchange platforms, is invaluable for refining your pronunciation.

3. **Gebruik Een Spiegel (Use a Mirror):** Watching how your mouth moves can help in producing accurate Dutch sounds, especially for vowel combinations and unique consonantal sounds like 'g' and 'r'.

4. **Oefen Regelmatig (Practice Regularly):** Consistent practice, even if it's just a few minutes daily, is key to making steady progress.

5. **Wees Niet Bang Om Fouten Te Maken (Don't Fear Mistakes):** Mistakes are a natural and important part of learning. They provide valuable lessons and lead to better understanding and fluency.

Proper pronunciation is vital to navigate through Dutch effectively. Commit to mastering its unique sounds, from the guttural 'g' to the crisp 'k' and 't', and watch as the language unfolds like the picturesque landscapes of the Netherlands. From the rolling r's to the sharp vowel contrasts, each nuance captures the essence of Dutch culture and history.

What You'll Find Inside

- **Belangrijke Zinnen (Essential Phrases):** Thoughtfully curated phrases and expressions for various situations you may encounter in Dutch-speaking environments.

- **Interactieve Oefeningen (Interactive Exercises):** Engaging exercises designed to test and improve your language skills, encouraging active use of Dutch.

- **Culturele Inzichten (Cultural Insights):** Delve into the rich tapestry of Dutch culture, from social customs to historical landmarks.

- **Aanvullende Bronnen (Additional Resources):** A compilation of further materials and advice for enhancing your Dutch language skills, including websites, book recommendations, and travel tips.

How to Use This Phrase Book

This book is carefully designed to cater to both beginners embarking on their initial journey into Dutch and intermediate learners looking to elevate their proficiency. Start your linguistic adventure with essential phrases suitable for a variety of situations, from casual greetings to navigating the nuances of Dutch social etiquette. As you grow more confident, explore more complex language structures and idiomatic expressions that bring you closer to native fluency.

Within these pages, you will uncover cultural insights that connect you more deeply with the Netherlands' rich history and vibrant contemporary society. Interactive exercises are strategically integrated to reinforce your learning and make the application of new words and grammar in your conversations seamless and natural.

Learning a language is more than memorizing words and rules; it's an immersive, continuous quest for understanding and connection. Dive into Dutch dialogues, indulge in the nation's celebrated literary works, and embrace the customs that weave the fabric of this distinctive culture.

Each person's journey to language mastery is unique, characterized by its rhythm and milestones. Nurture your skills with patience, enthusiasm, and a sense of adventure. With dedicated practice, your proficiency and confidence in Dutch will not just improve; they will flourish.

Klaar om te beginnen? (Ready to start?)

Embark on a captivating exploration of the Dutch language and culture. Unravel its linguistic intricacies and immerse yourself in the cultural richness the Netherlands offers. This journey is as rewarding as it is transformative, broadening your horizons and deepening your global connections.

7

GREETINGS & INTRODUCTIONS

- BASIC GREETINGS -
- INTRODUCING YOURSELF AND OTHERS -
- EXPRESSING POLITENESS AND FORMALITY -

Basic Greetings

1. Hi!
   Hoi!
   (Hoy!)

2. Hello!
   Hallo!
   (Hah-loh!)

   > **Idiomatic Expression:** "Het regent pijpenstelen." -
   > Meaning: "It's raining heavily."
   > (Literal Translation: "It's raining pipestems.")

3. Good morning!
   Goedemorgen!
   (Ghoo-duh-mor-ghun!)

   > **Cultural Insight:** The Dutch are known for their
   > directness in communication. Honesty is often valued
   > over diplomatic or ambiguous responses.

4. Good afternoon!
   Goedemiddag!
   (Ghoo-duh-mih-dahkh!)

5. Good evening!
   Goedenavond!
   (Ghoo-duh-nah-vohnd!)

6. How are you?
   Hoe gaat het met u? (formal) / Hoe gaat het? (informal)
   (Hoo ghaht het met ew?) / (Hoo ghaht het?)

   > **Cultural Insight:** Bicycles are a primary mode of
   > transportation in the Netherlands. Dutch cities are
   > designed with extensive cycling paths.

7. Everything good?
   Alles goed?
   (Ahl-luhs ghoot?)

8. How is it going?
   Hoe gaat het?
   (Hoo ghaht het?)

9. How is everything?
   Hoe gaat alles?
   (Hoo ghaht ahl-luhs?)

10. I'm good, thank you.
    Het gaat goed, dank je.
    (Het ghaht ghoot, dahngk yuh.)

11. And you?
    En met u? (formal) / En jij? (informal)
    (En met ew?) / (En yay?)

12. Let me introduce...
    Laat me voorstellen...
    (Laht muh voor-stel-luhn...)

13. This is...
    Dit is...
    (Dit is...)

14. Nice to meet you!
    Aangenaam kennis te maken!
    (Ahn-geh-nahm keh-nis tuh mah-kuhn!)

15. Delighted!
    Verheugd!
    (Vehr-hoygd!)

16. How have you been?
    Hoe gaat het met je? (informal) / Hoe gaat het met u? (formal)
    (Hoo ghaht het met yuh?) / (Hoo ghaht het met ew?)

Politeness and Formality

17. Excuse me.
    Excuseer mij. / Pardon.
    (Ex-kyoo-seer may.) / (Par-dohn.)

18. Please.
    Alsjeblieft. (informal) / Alstublieft. (formal)
    (Ahl-shuh-bleeft.) / (Ahl-stuh-bleeft.)

19. Thank you.
    Dank je. (informal) / Dank u. (formal)
    (Dahnk yuh.) / (Dahnk ew.)

> **Fun Fact:** Dutch is a West Germanic language, closely related to English and German.

20. Thank you very much!
    Hartelijk dank!
    (Har-tuh-lijk dahnk!)

21. I'm sorry.
    Het spijt me.
    (Het spayt muh.)

22. I apologize.
    Mijn excuses.
    (Mayn ex-kyoo-ses.)

23. Sir
    Meneer
    (Muh-neer)

24. Madam
    Mevrouw
    (Muh-frow)

25. Miss
    Juffrouw
    (Yuff-row)

26. Your name, please?
    Wat is uw naam? (formal) / Wat is je naam? (informal)
    (Vat is ew naam?) / (Vat is yuh naam?)

27. Can I help you with anything?
    Kan ik u ergens mee helpen?
    (Kahn ik ew air-guhns may hel-puhn?)

28. I am thankful for your help.
    Ik ben dankbaar voor je hulp.
    (Ik ben dahnk-baar voor yuh hulp.)

29. The pleasure is mine.
    Het genoegen is aan mij.
    (Het guh-noo-ghuhn is aan may.)

30. Thank you for your hospitality.
    Dank u voor uw gastvrijheid.
    (Dahnk ew voor ew gast-vray-hide.)

31. It's nice to see you again.
    Het is fijn je weer te zien.
    (Het is fayn yuh weer tuh zeen.)

Greetings for Different Times of Day

32. Good morning, my friend!
    Goedemorgen, mijn vriend!
    (Ghoo-duh-mor-ghun, mayn freend!)

33. Good afternoon, colleague!
    Goedemiddag, collega!
    (Ghoo-duh-mih-dahkh, koh-leh-gah!)

34. Good evening neighbor!
    Goedenavond, buurman / buurvrouw! (for a male / female neighbor respectively)
    (Ghoo-duh-nah-vohnd, boor-mahn / boor-vrow!)

35. Have a good night!
    Welterusten!
    (Vell-tuh-roos-tuhn!)

36. Sleep well!
    Slaap lekker!
    (Slahp lek-ker!)

Special Occasions

37. Happy birthday!
Gefeliciteerd met je verjaardag!
(Ghuh-fay-li-si-teerd met yuh ver-yar-dahkh!)

> **Language Learning Tip:** Practice Daily - Even a few minutes each day can make a big difference in language retention and progress.

38. Merry Christmas!
Vrolijk Kerstfeest!
(Vroh-lik Kehrsts-fayst!)

39. Happy Easter!
Vrolijk Pasen!
(Vroh-lik Pah-suhn!)

> **Travel Story:** During a sunset in Scheveningen, a couple said "De zonsondergang schildert de hemel," translating to "The sunset paints the sky."

40. Happy holidays!
Prettige vakantie!
(Preh-ti-guh vah-kahn-tee!)

41. Happy New Year!
Gelukkig Nieuwjaar!
(Ghuh-luk-kigh Nee-uw-yaar!)

> **Idiomatic Expression:** "Een appeltje voor de dorst." - Meaning: "Savings for a rainy day."
> (Literal Translation: "A little apple for thirst.")

Meeting Someone for the First Time

42. Pleasure to meet you.
   Aangenaam kennis te maken.
   (Ahn-geh-nahm keh-nis tuh mah-kuhn.)

> **Language Learning Tip:** Use Flashcards - Create or use online flashcards for vocabulary building.

43. I am [Your Name].
   Mijn naam is [Je Naam].
   (Mayn naam is [Yuh Naam].)

44. Where are you from?
   Waar kom je vandaan?
   (Vahr kohm yuh vahn-dahn?)

> **Language Learning Tip:** Speak from Day One - Don't be afraid to start speaking Dutch right away, even if it's just simple phrases.

45. I'm on vacation.
   Ik ben op vakantie.
   (Ik ben ohp vah-kahn-tee.)

46. What is your profession?
   Wat is je beroep?
   (Vat is yuh buh-rohp?)

47. How long will you stay here?
Hoe lang blijf je hier? (informal) / Hoe lang blijft u hier? (formal)
(Hoo lahng blyf yuh heer?) / (Hoo lahng blyft ew heer?)

Responding to Greetings

48. Hello, how have you been?
Hallo, hoe gaat het met je?
(Hah-loh, hoo ghaht het met yuh?)

> **Cultural Insight:** The Netherlands is famous for its cheese, with Gouda and Edam being well-known internationally.

49. I've been very busy lately.
Ik ben de laatste tijd erg druk geweest.
(Ik ben duh laht-stuh tite airgh druk guh-veest.)

50. I've had ups and downs.
Ik heb mijn ups en downs gehad.
(Ik heb mayn ups en downs guh-had.)

> **Idiomatic Expression:** "Nu komt de aap uit de mouw." - Meaning: "The truth is coming out."
> Literal Translation: "Now the monkey comes out of the sleeve."

51. Thanks for asking.
Bedankt voor het vragen.
(Buh-dahnkt voor hut frah-gun.)

52. I feel great.
    Ik voel me geweldig.
    (Ik fohl muh guh-vel-dig.)

53. Life has been good.
    Het leven is goed geweest.
    (Het lay-vuhn is ghoot guh-veest.)

54. I can't complain.
    Ik heb niets te klagen.
    (Ik heb neets tuh klah-gen.)

55. And you, how are you?
    En jij, hoe gaat het met je?
    (En yay, hoo ghaht het met yuh?)

> **Language Learning Tip:** Immerse Yourself - Surround
> yourself with Dutch through music, movies, TV shows,
> and radio.

56. I've had some challenges.
    Ik heb wat uitdagingen gehad.
    (Ik heb vat owt-dah-gin-gen guh-had.)

57. Life is a journey.
    Het leven is een reis.
    (Het lay-vuhn is ayn rays.)

58. Thank God, I'm fine.
    Godzijdank, het gaat goed met mij.
    (Got-zy-dahnk, het ghaht ghoot met may.)

Informal Greetings

59. What's up?
    Wat is er?
    (Vat is air?)

60. All good?
    Alles goed?
    (Ahl-luhs ghoot?)

61. Hi, everything okay?
    Hoi, is alles goed?
    (Hoy, is ahl-luhs ghoot?)

62. I'm good, and you?
    Het gaat goed met mij, en met jou?
    (Het ghaht ghoot met may, en met yow?)

63. How's life?
    Hoe is het leven?
    (Hoo is het lay-vuhn?)

64. Cool!
    Tof!
    (Tohf!)

Saying Goodbye

65. Goodbye!
    Tot ziens!
    (Tot zeens!)

66. See you later!
    Tot later!
    (Tot lah-ter!)

> **Language Learning Tip:** Language Exchange - Partner with a Dutch speaker who wants to learn English; it's mutually beneficial.

67. Bye!
    Dag!
    (Dahg!)

68. Have a good day.
    Een fijne dag verder.
    (Ayn fine dahg ver-der.)

> **Language Learning Tip:** Label Your Environment - Label objects in your home with their Dutch names.

69. Have a good weekend.
    Een fijn weekend.
    (Ayn fine vay-kend.)

70. Take care.
    Zorg goed voor jezelf.
    (Zor-gh goot voor yuh-zelf.)

71. Bye, see you later.
    Dag, tot later!
    (Dahg, tot lah-ter!)

72. I need to go now.
    Ik moet nu gaan.
    (Ik moot noo gahn.)

73. Take care my friend!
    Zorg goed voor jezelf, mijn vriend!
    (Zor-gh goot voor yuh-zelf, mayn freend!)

Parting Words

74. Hope to see you soon.
    Hoop je snel te zien.
    (Hohp yuh snel tuh zeen.)

75. Stay in touch.
    Blijf in contact.
    (Blyf in kohn-takt.)

76. I'll miss you.
    Ik zal je missen.
    (Ik zhal yuh miss-un.)

77. Be well.
    Het gaat je goed.
    (Het ghaht yuh goot.)

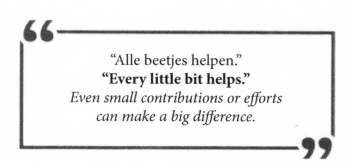

"Alle beetjes helpen."
"Every little bit helps."
*Even small contributions or efforts
can make a big difference.*

Interactive Challenge: Greetings Quiz

1. **How do you say "good morning" in Dutch?**

    a) Wat doe je?
    b) Goedemorgen!
    c) Hoe gaat het?

2. **What does the Dutch phrase "Aangenaam kennis te maken" mean in English?**

    a) Excuse me!
    b) Pleased to meet you!
    c) How are you?

3. **When is it appropriate to use the phrase "Goedenavond!" in Dutch?**

    a) In the morning
    b) In the afternoon
    c) In the evening

4. **Which phrase is used to ask someone how they are doing in Dutch?**

    a) Dank je
    b) Hoe gaat het?
    c) Waar ga je naartoe?

5. **In the Netherlands, when can you use the greeting "Hallo!"?**

    a) Only in the morning
    b) Only in the afternoon
    c) Anytime

6. **What is the Dutch equivalent of "And you?"?**

    a) En jij?
    b) Dank je
    c) Wat doe je?

7. **When expressing gratitude in Dutch, what do you say?**

    a) Sorry
    b) Aangenaam kennis te maken
    c) Dank je

8. **How do you say "Excuse me" in Dutch?**

    a) Sorry
    b) Goedemiddag!
    c) Alles goed?

9. **Which phrase is used to inquire about someone's well-being?**

    a) Waar woon je?
    b) Hoe gaat het?
    c) Dank je

10. **In a typical Dutch conversation, when is it common to ask about someone's background and interests during a first-time meeting?**

    a) Never
    b) Only in formal situations
    c) Always

11. In Dutch, what does "Aangenaam kennis te maken" mean?

a) Delighted to meet you
b) Excuse me
c) Thank you

12. When should you use the phrase "Hoe gaat het?"?

a) When ordering food
b) When asking for directions
c) When inquiring about someone's well-being

13. Which phrase is used to make requests politely?

a) Hoe gaat het?
b) Wat wil je?
c) Alsjeblieft

14. What is the equivalent of "I'm sorry" in Dutch?

a) Sorry
b) Hoe gaat het?
c) Alles is goed

Correct Answers:

1. b)
2. b)
3. c)
4. b)
5. c)
6. a)
7. c)
8. a)
9. b)
10. c)
11. a)
12. c)
13. c)
14. a)

EATING & DINING

- ORDERING FOOD AND DRINKS IN A RESTAURANT -
- DIETARY PREFERENCES AND RESTRICTIONS -
- COMPLIMENTS AND COMPLAINTS ABOUT FOOD -

Basic Ordering

78. I'd like a table for two, please.
    Ik wil graag een tafel voor twee, alstublieft.
    (Ik vil grahg ayn tah-fuhl voor tvey, ahl-stew-bleeft.)

79. What's the special of the day?
    Wat is de dagspecialiteit?
    (Vat is duh dahgh-speh-see-ah-lih-tayt?)

> **Cultural Insight:** The Dutch celebrate Sinterklaas on December 5th, a traditional winter holiday figure that influenced the creation of Santa Claus.

80. Can I see the menu, please?
    Mag ik alstublieft de menukaart zien?
    (Mahkh ik ahl-stew-bleeft duh meh-noo-kahrt zeen?)

81. I'll have the steak, medium rare.
    Ik neem de steak, medium gebakken.
    (Ik naym duh stayk, meh-dee-um guh-bahk-kuhn.)

82. Can I get a glass of water?
    Mag ik een glas water, alstublieft?
    (Mahkh ik ayn glahs vah-ter, ahl-stew-bleeft?)

> **Travel Story:** In the tulip fields of Keukenhof, a local described the sea of colors with "Zo kleurrijk als een regenboog," meaning "As colorful as a rainbow."

83. Can you bring us some bread to start?
Kunt u ons wat brood brengen om te beginnen?
(Kuhnt ew ons vat broht breng-uhn ohm tuh buh-gihn-nuhn?)

84. Do you have a vegetarian option?
Heeft u een vegetarische optie?
(Hayft ew ayn veh-guh-tah-ree-shuh op-tee?)

> **Language Learning Tip:** Keep a Learning Diary - Write down new words, phrases, and reflections on your learning process.

85. Is there a kids' menu available?
Hebben jullie een kindermenu?
(Hehb-buhn yul-lee ayn kihn-der-may-noo?)

86. We'd like to order appetizers to share.
We willen graag wat voorgerechten om te delen.
(Vay villuhn grahg vat voor-ghuh-rech-tuhn ohm tuh deh-luhn.)

87. Can we have separate checks, please?
Kunnen we aparte rekeningen krijgen, alstublieft?
(Kuhn-nuhn vay ah-par-tuh rek-uh-ning-uhn kray-ghuhn, ahl-stew-bleeft?)

88. Could you recommend a vegetarian dish?
Kunt u een vegetarisch gerecht aanbevelen?
(Kuhnt ew ayn veh-guh-tah-reesh guh-recht ahn-buh-veh-luhn?)

89. I'd like to try the local cuisine.
Ik zou graag de lokale keuken willen proberen.
(Ik zow grahg duh loh-kah-luh kew-kuhn villuhn proh-buh-ruhn.)

90. May I have a refill on my drink, please?
Mag ik mijn drankje bijgevuld krijgen, alstublieft?
(Mahkh ik mayn drahnk-yuh by-guh-vuhld kry-guhn, ahl-stew-bleeft?)

> **Language Learning Tip:** Engage in Dutch Media - Read Dutch newspapers, books, or blogs to get accustomed to the language.

91. What's the chef's special today?
Wat is de specialiteit van de chef vandaag?
(Vat is duh speh-see-ah-lih-tayt vahn duh shef vahn-dahkh?)

92. Can you make it extra spicy?
Kunt u het extra pittig maken?
(Kuhnt ew hut ek-strah pi-tikh mah-kuhn?)

93. I'll have the chef's tasting menu.
Ik neem het proefmenu van de chef.
(Ik naym hut prohf-may-noo vahn duh shef.)

Special Requests

94. I'm allergic to nuts. Is this dish nut-free?
Ik ben allergisch voor noten. Is dit gerecht notenvrij?
(Ik ben al-ler-gish voor noh-tuhn. Is dit guh-recht noh-ten-vry?)

95. I'm on a gluten-free diet. What can I have?
Ik volg een glutenvrij dieet. Wat kan ik eten?
(Ik volkh ayn gloo-ten-vry dee-et. Vat kahn ik ay-tuhn?)

96. Can you make it less spicy, please?
Kunt u het minder pittig maken, alstublieft?
(Kuhnt ew hut min-der pi-tikh mah-kuhn, ahl-stew-bleeft?)

> **Idiomatic Expression:** "Iemand in de maling nemen." -
> Meaning: "To tease someone."
> (Literal translation: "To take someone in the milling.")

97. Can you recommend a local specialty?
Kunt u een lokale specialiteit aanbevelen?
(Kuhnt ew ayn loh-kah-luh speh-see-ah-lih-tayt ahn-buh-veh-luhn?)

98. Could I have my salad without onions?
Kan ik mijn salade zonder uien krijgen?
(Kahn ik mayn sah-lah-duh zohn-der ui-uhn kry-guhn?)

99. Are there any daily specials?
Heeft u dagelijkse aanbiedingen?
(Hayft ew dahg-uh-lyk-suh ahn-bee-duhng-uhn?)

> **Fun Fact:** The Netherlands has more bicycles than
> people.

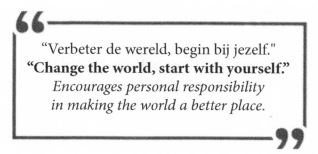

"Verbeter de wereld, begin bij jezelf."
"Change the world, start with yourself."
*Encourages personal responsibility
in making the world a better place.*

100. Can I get a side of extra sauce?
Kan ik wat extra saus krijgen?
(Kahn ik vat ek-strah sows kry-gen?)

101. I'd like a glass of red/white wine, please.
Ik wil graag een glas rode/witte wijn, alstublieft.
(Ik vil grahg ayn glahs roh-duh/vit-tuh vayn, ahl-stew-bleeft.)

102. Could you bring the bill, please?
Kunt u de rekening brengen, alstublieft?
(Kuhnt ew duh ray-kuh-ning breng-uhn, ahl-stew-bleeft?)

Allergies and Intolerances

103. I have a dairy allergy. Is the sauce dairy-free?
Ik ben allergisch voor zuivel. Is de saus zuivelvrij?
(Ik ben al-ler-gish voor zuy-vuhl. Is duh sows zuy-vuhl-vry?)

> **Fun Fact:** The Dutch are some of the tallest people in the world.

104. Does this contain any seafood? I have an allergy.
Bevat dit zeevruchten? Ik ben allergisch.
(Buh-vaht dit zay-vrukh-tuhn? Ik ben al-ler-gish.)

105. I can't eat anything with soy. Is that an issue?
Ik kan niets met soja eten. Is dat een probleem?
(Ik kahn neets met soy-ah ay-tuhn. Is daht ayn proh-blehm?)

106.   I'm lactose intolerant, so no dairy, please.
       **Ik ben lactose-intolerant, dus geen zuivelproducten,
       alstublieft.**
       *(Ik ben lak-tose in-toh-leh-rant, doos gain zuy-vuhl-proh-duk-
       tuhn, ahl-stew-bleeft.)*

107.   Is there an option for those with nut allergies?
       Is er een optie voor mensen met een notenallergie?
       (Is air ayn op-tee voor men-suhn met ayn noh-tuhn-al-ler-gie?)

108.   I'm following a vegan diet. Is that possible?
       Ik volg een veganistisch dieet. Is dat mogelijk?
       (Ik volkh ayn veh-gah-nis-tish dee-et. Is daht mo-huh-likh?)

       Cultural Insight: The Netherlands has a rich history in
       art, producing famous painters like Rembrandt, Vermeer,
       and Van Gogh.

109.   Is this dish suitable for someone with allergies?
       Is dit gerecht geschikt voor iemand met allergieën?
       (Is dit guh-recht guh-schikt voor ee-mahnd met al-ler-gie-uhn?)

110.   I'm trying to avoid dairy. Any dairy-free options?
       Ik probeer zuivel te vermijden. Zijn er zuivelvrije opties?
       *(Ik proh-beer zuy-vuhl tuh ver-my-duhn. Zyn air zuy-vuhl-vry-uh
       op-tees?)*

111.   I have a shellfish allergy. Is it safe to order seafood?
       **Ik ben allergisch voor schaaldieren. Is het veilig om
       zeevruchten te bestellen?**
       *(Ik ben al-ler-gish voor schahl-dee-uhn. Is het vay-ligh ohm zay-
       vrukh-tuhn tuh buh-stel-luhn?)*

112. Can you make this gluten-free?
   Kunt u dit glutenvrij maken?
   (Kuhnt ew dit gloo-ten-fry mah-kuhn?)

> **Language Learning Tip:** Practice with Dutch Songs
> - Learn and sing along to Dutch songs to improve your
> language skills.

Specific Dietary Requests

113. I prefer my food without cilantro.
   Ik heb liever mijn eten zonder koriander.
   (Ik heb lee-ver mayn ay-tuhn zohn-der koh-ree-ahn-der.)

114. Could I have the dressing on the side?
   Kan ik de dressing apart krijgen?
   (Kahn ik duh dres-sing ah-part kry-gen?)

115. Can you make it vegan-friendly?
   Kunt u het veganistisch maken?
   (Kuhnt ew hut veh-gah-nis-tish mah-kuhn?)

116. I'd like extra vegetables with my main course.
   Ik wil graag extra groenten bij mijn hoofdgerecht.
   (Ik vil grahg ek-strah groon-tuhn by mayn hoofd-ge-recht.)

117. Is this suitable for someone on a keto diet?
   Is dit geschikt voor iemand op een ketogeen dieet?
   (Is dit guh-schikt voor ee-mahnd ohp ayn keh-toh-gain dee-et?)

118. I prefer my food with less oil, please.
Ik heb liever mijn eten met minder olie, alstublieft.
(Ik heb lee-ver mayn ay-tuhn met min-der oh-lee, ahl-stew-bleeft.)

119. Is this dish suitable for vegetarians?
Is dit gerecht geschikt voor vegetariërs?
(Is dit guh-recht guh-schikt voor veh-geh-tah-ree-uhrs?)

120. I'm on a low-carb diet. What would you recommend?
Ik volg een koolhydraatarm dieet. Wat zou u aanbevelen?
(Ik volkh ayn kohl-huy-draaht-ahrm dee-et. Vat zow ew ahn-buh-veh-luhn?)

> **Fun Fact:** The Dutch national color is orange, in honor of the Royal Family, the House of Orange.

121. Is the bread here gluten-free?
Is het brood hier glutenvrij?
(Is hut broht heer gloo-ten-fry?)

122. I'm watching my sugar intake. Any sugar-free desserts?
Ik let op mijn suikerinname. Zijn er suikervrije desserts?
(Ik let ohp mayn suy-kur-in-nah-muh. Zyn air suy-kur-vry-uh deh-serts?)

> **Travel Story:** Navigating the canals of Amsterdam, a boatman used the phrase "Recht door zee," translating to "Straight through the sea," symbolizing honesty and directness.

Compliments

123.   This meal is delicious!
Deze maaltijd is heerlijk!
(Day-zuh maahl-tayd is hayr-likh!)

> **Fun Fact:** The Netherlands produced famous painters like Rembrandt, Van Gogh, and Vermeer.

124.   The flavors in this dish are amazing.
De smaken in dit gerecht zijn geweldig.
(Duh smah-kuhn in dit guh-recht zayn guh-vel-dig.)

125.   I love the presentation of the food.
Ik hou van de presentatie van het eten.
(Ik how vahn duh preh-sen-tah-tee vahn hut ay-tuhn.)

126.   This dessert is outstanding!
Dit dessert is uitstekend!
(Dit deh-sairt is ow-tsteh-kend!)

127.   The service here is exceptional.
De service hier is uitzonderlijk.
(Duh ser-vee-suh heer is ow-tzon-der-likh.)

> **Language Learning Tip:** Learn About Dutch Culture - Understanding cultural contexts can enhance language learning.

128.   The chef deserves praise for this dish.
De chef-kok verdient lof voor dit gerecht.
(Duh shef-kok vehr-deent lohf voor dit guh-recht.)

129. I'm impressed by the quality of the ingredients.
Ik ben onder de indruk van de kwaliteit van de ingrediënten.
(Ik ben ohn-der duh in-druhk vahn duh kwah-lih-tayt vahn duh in-gray-dee-en-tuhn.)

130. The atmosphere in this restaurant is wonderful.
De sfeer in dit restaurant is geweldig.
(Duh sfeer in dit res-tau-rahnt is guh-vel-dig.)

131. Everything we ordered was perfect.
Alles wat we bestelden was perfect.
(Ahl-luhs vat vay buh-stel-duhn vas pur-fekt.)

Compaints

132. The food is cold. Can you reheat it?
Het eten is koud. Kunt u het opwarmen?
(Het ay-tuhn is kowt. Kuhnt ew het op-var-muhn?)

Fun Fact: Amsterdam has more canals than Venice.

133. This dish is too spicy for me.
Dit gerecht is te pittig voor mij.
(Dit guh-recht is tuh pi-tikh voor may.)

134. The portion size is quite small.
De portiegrootte is vrij klein.
(Duh por-tee-groht-tuh is fry klyn.)

135. There's a hair in my food.
Er zit een haar in mijn eten.
(Air zit ayn haar in mayn ay-tuhn.)

136. I'm not satisfied with the service.
Ik ben niet tevreden met de bediening.
(Ik ben neet tuh-vreh-duhn met duh buh-dee-ning.)

137. The soup is lukewarm.
De soep is lauw.
(Duh sope is low.)

138. The sauce on this dish is too salty.
De saus bij dit gerecht is te zout.
(Duh sows by dit guh-recht is tuh zowt.)

> **Idiomatic Expression:** "Zo klaar als een klontje."
> Meaning: "Crystal clear."
> (Literal translation: "As clear as a lump of sugar.")

139. The dessert was a bit disappointing.
Het dessert was een beetje teleurstellend.
(Het deh-sairt vas ayn bayt-juh tuh-lur-stel-luhnd.)

140. I ordered this dish, but you brought me something else.
Ik heb dit gerecht besteld, maar u hebt me iets anders gebracht.
(Ik heb dit guh-recht buh-stelt, maar ew hept muh eets ahn-ders guh-brachht.)

141. The food took a long time to arrive.
Het duurde lang voordat het eten kwam.
(Het doo-rduh lahng voor-daht het ay-tuhn kwahm.)

Specific Dish Feedback

142. The steak is overcooked.
      De steak is te gaar.
      (Duh stayk is tuh gahr.)

> **Fun Fact:** The Netherlands is famous for its windmills, with over 1,000 still standing from historic times.

143. This pasta is undercooked.
      Deze pasta is niet gaar genoeg.
      (Day-zuh pahs-tah is neet gahr guh-noo-gh.)

144. The fish tastes off. Is it fresh?
      De vis smaakt vreemd. Is het vers?
      (Duh vis smahkt vraymd. Is het fers?)

145. The salad dressing is too sweet.
      De dressing van de salade is te zoet.
      (Duh dres-sing vahn duh sah-lah-duh is tuh zowt.)

146. The rice is underseasoned.
      De rijst is onvoldoende gekruid.
      (Duh rayst is ohn-vohl-doon-duh guh-kroyt.)

> **Language Learning Tip:** Use Language Apps - Apps like Duolingo, Babbel, or Rosetta Stone can be helpful tools.

147. The dessert lacks flavor.
      Het dessert mist smaak.
      (Het deh-sairt mist smahk.)

148. The vegetables are overcooked.
De groenten zijn te gaar.
(Duh groon-tuhn zayn tuh gahr.)

149. The pizza crust is burnt.
De pizzabodem is verbrand.
(Duh peet-sah-boh-duhm is ver-brand.)

> **Travel Story:** At a cozy café in Utrecht, a barista said "Gezelligheid kent geen tijd," meaning "Coziness knows no time," highlighting the Dutch love for snug, convivial moments.

150. The burger is dry.
De hamburger is droog.
(Duh ham-bur-guhr is drohkh.)

151. The fries are too greasy.
De frietjes zijn te vet.
(Duh free-tyuhs zayn tuh vet.)

152. The soup is too watery.
De soep is te waterig.
(Duh sope is tuh vah-ter-ikh.)

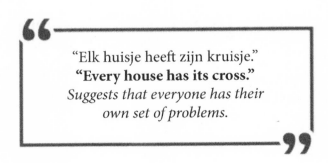

"Elk huisje heeft zijn kruisje."
"Every house has its cross."
Suggests that everyone has their own set of problems.

Word Search Puzzle: Eating & Dining

RESTAURANT
RESTAURANT
MENU
MENU
APPETIZER
VOORGERECHT
VEGETARIAN
VEGETARIËR
ALLERGY
ALLERGIE
VEGAN
VEGANIST
SPECIAL
SPECIAAL
DESSERT
NAGERECHT
SERVICE
SERVICE
CHEF
CHEFKOK
INGREDIENTS
INGREDIËNTEN
ATMOSPHERE
SFEER
PERFECT
PERFECT

```
O N V C E Y N U R Y Z A A S T
E F A E U G F N Z E L V E L C
G U R G G D J E R L E R D E E
F K D V E E G M E C V F K O F
O U V E S V T R M I M Q S F R
N I T G N U G A C A O H H G E
R X L E O Y N E R R U G O N P
V E M T T F A E E I R H D C Y
F D V A Q P E S M E A Z B R H
Z A X R M D T X Z E J N J A Q
U Z V I D A C I E C I V R E S
D Y M Ë U T T R J T O M F U I
V O O R G E R E C H T I I N N
B X A C P Z B E F R N G I C G
V N R P S Z F M L E U Z S N R
T R A X Q R X A P D H M V A E
C J S P E C I A A L M C X G D
N O A P F C A D A A A K L E I
E I G R E L L A E F Q O Y R Ë
J W T P B T T Y G S U K I E N
X W S E D D T T G D S F E C T
T N A R U A T S E R H E I H E
S L C W L Q W I M D Z H R T N
S O X A A Y Q N B P U C N T I
O Y M I J U N A W N U F K E E
S X I W V R C G P B X P C E U
I N G R E D I E N T S U E Y L
S R U W T R X V K Q S O N G J
E R E H P S O M T A E H N G Y
P G R C Z Y E K S T F U O Z H
```

Correct Answers:

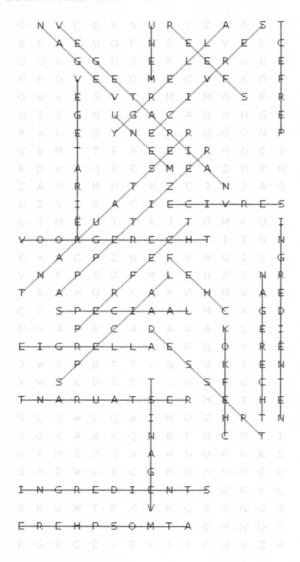

TRAVEL & TRANSPORTATION

- ASKING FOR DIRECTIONS -
- BUYING TICKETS FOR TRANSPORTATION -
- INQUIRING ABOUT TRAVEL-RELATED INFORMATION -

Directions

153. How do I get to the nearest bus stop?
Hoe kom ik bij de dichtstbijzijnde bushalte?
(Hoo kohm ik by duh dichts-by-zayn-duh boosh-hahl-tuh?)

> **Fun Fact:** About a third of the Netherlands is below sea level, protected by an extensive system of dikes.

154. Can you show me the way to the train station?
Kunt u mij de weg naar het treinstation wijzen?
(Kuhnt ew may duh vaykh naar hut tryn-stah-tee-on vay-zuhn?)

155. Is there a map of the city center?
Is er een plattegrond van het stadscentrum?
(Is air ayn plaht-tuh-grond vahn hut stahts-sen-truhm?)

156. Which street leads to the airport?
Welke straat leidt naar de luchthaven?
(Vel-kuh straht layt naar duh luhkh-thah-vuhn?)

157. Where is the nearest taxi stand?
Waar is de dichtstbijzijnde taxistandplaats?
(Vaar is duh dichts-by-zayn-duh tak-see-stahnd-plahts?)

> **Travel Story:** In the bustling Albert Cuyp market, a vendor described a good deal as "Voor een appel en een ei," meaning "For an apple and an egg," indicating something very cheap.

158. How can I find the hotel from here?
Hoe vind ik het hotel vanaf hier?
(Hoo vind ik hut hoh-tel vahn-ahf heer?)

> **Fun Fact:** Dutch has a single word for "the day after tomorrow" - "overmorgen."

159. What's the quickest route to the museum?
Wat is de snelste route naar het museum?
(Vat is duh snel-stuh roo-tuh naar hut moo-zay-uhm?)

160. Is there a pedestrian path to the beach?
Is er een voetpad naar het strand?
(Is air ayn foh-t-pahd naar hut strahnd?)

161. Can you point me towards the city square?
Kunt u mij wijzen naar het stadsplein?
(Kuhnt ew may vay-zuhn naar hut stahts-playn?)

> **Idiomatic Expression:** "Met de deur in huis vallen." - Meaning: "To get straight to the point."
> (Literal translation: "To fall into the house with the door.")

162. How do I find the trailhead for the hiking trail?
Hoe vind ik het begin van het wandelpad?
(Hoo vind ik hut buh-gin vahn hut vahn-duhl-pahd?)

> **Fun Fact:** KLM is the world's oldest airline, established in 1919.

Ticket Purchase

163.   How much is a one-way ticket to downtown?
        Hoeveel kost een enkele reis naar het centrum?
        (Hoo-veel kost ayn en-kuh-luh rays naar hut sen-trum?)

164.   Are there any discounts for students?
        Zijn er kortingen voor studenten?
        (Zayn air kor-ting-uhn voor stu-dent-uhn?)

        Language Learning Tip: Watch Dutch News - This can
        help in learning formal and current use of language.

165.   What's the price of a monthly bus pass?
        Wat kost een maandkaart voor de bus?
        (Vat kost ayn mahnd-kahrt voor duh boos?)

166.   Can I buy a metro ticket for a week?
        Kan ik een metrokaartje voor een week kopen?
        (Kahn ik ayn meh-troh-kahrt-yuh voor ayn vayk koh-puhn?)

167.   How do I get a refund for a canceled flight?
        Hoe krijg ik een terugbetaling voor een geannuleerde vlucht?
        *(Hoo krygh ik ayn tuh-rugh-buh-tah-ling voor ayn guh-ahn-nuh-
        leer-duh vluhght?)*

        Fun Fact: The Netherlands is one of the world's largest
        cheese exporters.

168.   Is it cheaper to purchase tickets online or at the station?
Is het goedkoper om kaartjes online of op het station te kopen?
(Is hut goot-koh-pur ohm kahr-tyuhs ohn-line of op hut stah-tee-on tuh koh-puhn?)

169.   Can I upgrade my bus ticket to first class?
Kan ik mijn busticket upgraden naar de eerste klasse?
(Kahn ik mayn boos-tik-ket up-gray-duhn naar duh air-stuh klahs-suh?)

170.   Are there any promotions for weekend train travel?
Zijn er aanbiedingen voor treinreizen in het weekend?
(Zayn air ahn-bee-duhng-uhn voor trayn-ray-zuhn in hut vayk-end?)

171.   Is there a night bus to the city center?
Is er een nachtbus naar het centrum?
(Is air ayn nacht-boos naar hut sen-trum?)

> **Idiomatic Expression:** "Een oogje in het zeil houden." -
> Meaning: "To keep an eye on things."
> (Literal translation: "To keep a little eye in the sail.")

172.   What's the cost of a one-day tram pass?
Wat kost een dagkaart voor de tram?
(Vat kost ayn dahg-kahrt voor duh tram?)

> **Fun Fact:** The Dutch are among the top coffee consumers in the world.

Travel Info

173. What's the weather forecast for tomorrow?
      Wat is de weersvoorspelling voor morgen?
      (Vat is duh vayrs-voor-spel-ling voor mor-ghuhn?)

      > **Fun Fact:** The telescope and microscope were invented
      > by the Dutch in the 16th century.

174. Are there any guided tours of the historical sites?
      Zijn er rondleidingen van de historische plaatsen?
      *(Zayn air ront-lay-ding-uhn vahn duh his-toh-ree-skuh
      plaat-suhn?)*

175. Can you recommend a good local restaurant for dinner?
      Kunt u een goed lokaal restaurant aanbevelen voor het diner?
      *(Kuhnt ew ayn goot loh-kaal res-tau-rahnt ahn-buh-veh-luhn
      voor hut dee-nur?)*

176. How do I get to the famous landmarks in town?
      Hoe kom ik bij de beroemde bezienswaardigheden in de stad?
      *(Hoo kohm ik by duh buh-roo-mduh bay-zeen-swahr-digh-huh-
      duhn in duh staht?)*

177. Is there a visitor center at the airport?
      Is er een bezoekerscentrum op de luchthaven?
      (Is air ayn buh-zoo-kurs-sen-trum op duh luhkh-thah-vuhn?)

178. What's the policy for bringing pets on the train?
      **Wat is het beleid voor het meenemen van huisdieren in de
      trein?**
      *(Vat is hut buh-layt voor hut may-nuh-muhn vahn hoys-deer-uhn
      in duh trayn?)*

179.   Are there any discounts for disabled travelers?
Zijn er kortingen voor mindervalide reizigers?
*(Zayn air kor-ting-uhn voor min-duhr-vah-lee-duh
ray-zee-guhrs?)*

> **Idiomatic Expression:** "Het is kiezen of delen." -
> Meaning: "It's take it or leave it."
> (Literal translation: "It's choosing or sharing.")

180.   Can you provide information about local festivals?
Kunt u informatie geven over lokale festivals?
*(Kuhnt ew in-for-mah-tee-uh geh-vuhn oh-vur loh-ka-luh
fes-tee-vahls?)*

181.   Is there Wi-Fi available on long bus journeys?
Is er Wi-Fi beschikbaar op lange busreizen?
(Is air wee-fee buh-sheek-bar op lahng-uh boos-ray-zuhn?)

> **Fun Fact:** Many Dutch surnames begin with "Van,"
> meaning "from."

182.   Where can I rent a bicycle for exploring the city?
Waar kan ik een fiets huren om de stad te verkennen?
*(Vaar kahn ik ayn fiets hu-ruhn ohm duh staht tuh
ver-ken-nuhn?)*

> **Travel Story:** Exploring the Van Gogh Museum, a fellow
> visitor remarked, "Dit is een lust voor het oog,"
> translating to "This is a feast for the eyes," expressing
> admiration for the art.

Getting Around by Public Transportation

183. Which bus should I take to reach the city center?
Welke bus moet ik nemen om naar het centrum te gaan?
(Vel-kuh boos moet ik nay-muhn ohm naar hut sen-trum tuh gahn?)

184. Can I buy a day pass for unlimited rides?
Kan ik een dagkaart kopen voor onbeperkt reizen?
(Kahn ik ayn dahg-kahrt koh-puhn voor ohn-buh-perkt ray-zuhn?)

185. Is there a metro station within walking distance?
Is er een metrostation op loopafstand?
(Is air ayn meh-troh-stah-tee-on op lohp-ahf-stand?)

186. How do I transfer between different bus lines?
Hoe wissel ik tussen verschillende buslijnen?
(Hoo wis-suhl ik tus-suhn fuh-shil-luhn-duh boos-lyn-nuhn?)

187. Are there any discounts for senior citizens?
Zijn er kortingen voor senioren?
(Zayn air kor-ting-uhn voor say-nee-oh-ruhn?)

188. What's the last bus/train for the night?
Wat is de laatste bus/trein voor de nacht?
(Vat is duh laht-stuh boos/trayn voor duh nacht?)

189. Can you recommend a reliable taxi service?
Kunt u een betrouwbare taxiservice aanbevelen?
(Kuhnt ew ayn buh-trow-wuh-bah-ruh tak-see-ser-vee-suh ahn-buh-veh-luhn?)

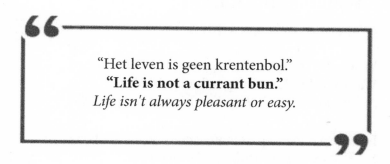

"Het leven is geen krentenbol."
"Life is not a currant bun."
Life isn't always pleasant or easy.

190. Do trams run on weekends as well?
Rijden de trams ook in het weekend?
(Ray-duhn duh trahms ook in hut vayk-end?)

> **Fun Fact:** The Netherlands has over 35,000 km of cycling paths.

191. Are there any express buses to [destination]?
Zijn er sneldienstbussen naar [bestemming]?
(Zayn air snel-deenst-boo-suhn naar [buh-stem-ming]?)

192. What's the fare for a one-way ticket to the suburbs?
Hoeveel kost een enkele reis naar de buitenwijken?
(Hoo-veel kost ayn en-kuh-luh rays naar duh bow-tuhn-vay-kun?)

> **Travel Story:** At the Peace Palace in The Hague, a guide used "Vrede boven alles," meaning "Peace above all," emphasizing the importance of international law and peace.

Navigating the Airport

193.   Where can I locate the baggage claim area?
        Waar vind ik het bagageafhaalgebied?
        (Vaar vind ik hut bah-gah-guh-ahf-hahl-ghuh-beet?)

194.   Is there a currency exchange counter in the terminal?
        Is er een wisselkantoor in de terminal?
        (Is air ayn wis-suhl-kahn-toor in duh ter-mee-nahl?)

> **Idiomatic Expression:** "Als haringen in een ton." -
> Meaning: "Packed like sardines."
> (Literal translation: "Like herrings in a barrel.")

195.   Are there any pet relief areas for service animals?
        Zijn er ontspanningsgebieden voor hulpdieren?
        (Zayn air ohnt-span-nings-ghuh-bee-duhn voor hulp-deer-uhn?)

196.   How early can I go through security?
        Hoe vroeg kan ik door de beveiliging?
        (Hoo frogh kahn ik door duh buh-vay-lee-ging?)

197.   What's the procedure for boarding the aircraft?
        Wat is de procedure voor het instappen van het vliegtuig?
        (Vat is duh proh-seh-duu-ruh voor hut in-stap-puhn vahn hut vleeeg-towgh?)

198.   Can I use mobile boarding passes?
        Kan ik mobiele instapkaarten gebruiken?
        (Kahn ik moh-bee-luh in-stap-kahr-tuhn guh-bruy-kuhn?)

199. Are there any restaurants past security?
Zijn er restaurants na de beveiliging?
(Zayn air res-toh-rahn-tuhn nah duh buh-vay-lee-ging?)

200. What's the airport's Wi-Fi password?
Wat is het Wi-Fi-wachtwoord van het vliegveld?
(Vat is hut Wee-Fee wahcht-voort vahn hut vleeeg-veld?)

201. Can I bring duty-free items on board?
Kan ik belastingvrije artikelen meenemen aan boord?
(Kahn ik buh-lahs-ting-fry-uh ar-tee-kuh-luhn may-nuh-muhn ahn boort?)

202. Is there a pharmacy at the airport?
Is er een apotheek op het vliegveld?
(Is air ayn ah-poh-teek op hut vleeeg-veld?)

Traveling by Car

203. How do I pay tolls on the highway?
Hoe betaal ik tol op de snelweg?
(Hoo buh-tahl ik tohl op duh snel-vaygh?)

204. Where can I find a car wash nearby?
Waar kan ik een autowasstraat in de buurt vinden?
(Vaar kahn ik ayn ow-toh-vahs-straht in duh buurt vinden?)

205. Are there electric vehicle charging stations?
Zijn er oplaadstations voor elektrische voertuigen?
(Zayn air ohp-laht-stah-tee-ohns voor eh-lek-trees-kuh voor-too-yuh-guhn?)

206. Can I rent a GPS navigation system with the car?
Kan ik een GPS-navigatiesysteem huren bij de auto?
(Kahn ik ayn Jee-Pee-Ess nah-vee-gah-tee-zys-tehm hu-run by duh ow-toh?)

207. What's the cost of parking in the city center?
Wat kost parkeren in het stadscentrum?
(Vat kost par-kuh-run in hut stahds-sen-trum?)

208. Do I need an international driving permit?
Heb ik een internationaal rijbewijs nodig?
(Heb ik ayn in-ter-nah-tee-oh-nahl ray-beh-veys noh-dikh?)

209. Is roadside assistance available?
Is er pechhulp beschikbaar?
(Is air pekh-hulp buh-sheek-bar?)

> **Fun Fact:** The Dutch are world leaders in water management and flood control.

210. Are there any traffic cameras on this route?
Zijn er verkeerscamera's op deze route?
(Zayn air ver-kehrs-kah-muh-rahs op day-zuh row-tuh?)

211. Can you recommend a reliable mechanic?
Kunt u een betrouwbare monteur aanbevelen?
(Kuhnt ew ayn buh-trow-wuh-buh-ruh mon-tuhr ahn-buh-veh-luhn?)

212. What's the speed limit in residential areas?
Wat is de snelheidslimiet in woonwijken?
(Vat is duh snel-hayds-lee-meet in wohn-way-kuhn?)

Airport Transfers and Shuttles

213.   Where is the taxi stand located at the airport?
Waar is de taxistandplaats op het vliegveld?
(Vaar is duh tak-see-stand-plahts op hut vleeeg-veld?)

214.   Do airport shuttles run 24/7?
Rijden de luchthavenshuttles 24 uur per dag?
(Ray-duhn duh luhkh-thah-vuhn-shut-tluhs fyer-uhn-tvehn-tikh uur pur dahkh?)

> **Idiomatic Expression:** "Beter laat dan nooit." -
> Meaning: "Better late than never."
> (Literal translation: "Better late than never.")

215.   How long does it take to reach downtown by taxi?
Hoe lang duurt het om met de taxi naar het centrum te gaan?
(Hoo lahng doort hut ohm met duh tak-see naar hut sen-trum tuh gahn?)

216.   Is there a designated pick-up area for ride-sharing services?
Is er een specifieke ophaalzone voor ridesharingdiensten?
(Is air ayn spuh-see-fee-kuh ohp-hahl-zohn-uh voor ryde-shah-ring-deen-stuhn?)

217.   Can I book a shuttle in advance?
Kan ik een shuttle van tevoren boeken?
(Kahn ik ayn shut-tluh vahn tuh-foh-run boo-kuhn?)

> **Fun Fact:** One of the world's most famous beer brands, Heineken, originated in the Netherlands.

218.   Do hotels offer free shuttle service to the airport?
Bieden hotels een gratis pendeldienst naar het vliegveld?
(Bee-dun hoh-tels ayn grah-tis pen-del-deenst naar hut vleeeg-veld?)

219.   What's the rate for a private airport transfer?
Wat zijn de kosten voor een privé luchthaventransfer?
(Vat zayn duh kos-tuhn voor ayn pree-vay luhkh-thah-ven-trahns-fur?)

220.   Are there any public buses connecting to the airport?
Zijn er openbare bussen die naar het vliegveld gaan?
(Zayn air oh-puhn-bah-ruh boos-suhn dee naar hut vleeeg-veld gahn?)

221.   Can you recommend a reliable limousine service?
Kunt u een betrouwbare limousineservice aanbevelen?
(Kuhnt ew ayn buh-trow-wuh-bah-ruh lee-mou-see-nee-ser-vee-suh ahn-buh-veh-luhn?)

222.   Is there an airport shuttle for early morning flights?
Is er een luchthavenshuttle voor vroege ochtendvluchten?
(Is air ayn luhkh-thah-ven-shut-tluh voor vroo-ghuh ohkh-tuhnt-vluhk-tuhn?)

Traveling with Luggage

223.   Can I check my bags at this train station?
Kan ik mijn bagage inchecken op dit treinstation?
(Kahn ik mayn bah-gah-ghuh in-chek-kun op dit trayn-stah-tee-on?)

224. Where can I find baggage carts in the airport?
Waar kan ik bagagekarren vinden op het vliegveld?
(Vaar kahn ik bah-gah-ghuh-kah-run vin-dun op hut vleeeg-veld?)

> **Fun Fact:** The largest collection of Van Gogh paintings is in Amsterdam.

225. Are there weight limits for checked baggage?
Zijn er gewichtsbeperkingen voor ingecheckte bagage?
(Zayn air guh-wikhts-buh-pur-king-un voor in-ge-chek-tuh bah-gah-ghuh?)

226. Can I carry my backpack as a personal item?
Kan ik mijn rugzak als persoonlijk item meenemen?
(Kahn ik mayn rugh-zahk ahl puh-sohn-lik eye-tum may-nuh-muhn?)

227. What's the procedure for oversized luggage?
Wat is de procedure voor te grote bagage?
(Vat is duh proh-seh-duu-ruh voor tuh groh-tuh bah-gah-ghuh?)

228. Can I bring a stroller on the bus?
Kan ik een kinderwagen meenemen in de bus?
(Kahn ik ayn kin-der-wah-gun may-nuh-muhn in duh boos?)

229. Are there lockers for storing luggage at the airport?
Zijn er kluisjes voor bagageopslag op het vliegveld?
(Zayn air kluys-yuhs voor bah-gah-ghuh-op-slahkh op hut vleeeg-veld?)

> **Fun Fact:** The Port of Rotterdam is one of the largest in the world.

230. How do I label my luggage with contact information?
Hoe label ik mijn bagage met contactgegevens?
(Hoo lah-buhl ik mayn bah-gah-ghuh met kohn-tahkt-guh-ghuh-vuhns?)

231. Is there a lost and found office at the train station?
Is er een gevonden voorwerpen kantoor op het treinstation?
(Is air ayn guh-voon-duhn voor-wair-puhn kahn-toor op hut trayn-stah-tee-on?)

> **Idiomatic Expression:** "Iemand de oren wassen." -
> Meaning: "To tell someone off."
> (Literal translation: "To wash someone's ears.")

232. Can I carry fragile items in my checked bags?
Kan ik breekbare voorwerpen meenemen in mijn ingecheckte bagage?
(Kahn ik brayk-bah-ruh voor-wair-puhn may-nuh-muhn in mayn in-ge-chek-tuh bah-gah-ghuh?)

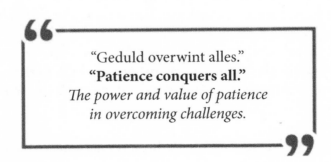

"Geduld overwint alles."
"Patience conquers all."
The power and value of patience in overcoming challenges.

Word Search Puzzle: Travel & Transportation

AIRPORT
VLIEGVELD
BUS
BUS
TAXI
TAXI
TICKET
KAARTJE
MAP
KAART
CAR
AUTO
METRO
METRO
BICYCLE
FIETS
DEPARTURE
VERTREK
ARRIVAL
AANKOMST
ROAD
WEG
PLATFORM
PLATFORM
STATION
STATION
TERMINAL
TERMINAAL

```
V  I  R  U  C  P  U  O  U  F  F  C  C  N  M
O  L  I  Z  A  I  R  P  O  R  T  J  S  R  R
R  R  I  G  R  Z  I  A  T  D  E  T  T  U  O
E  P  T  E  B  I  W  O  R  T  E  M  E  A  F
D  L  F  E  G  C  W  Z  T  I  I  W  R  C  T
S  A  T  X  M  V  G  C  F  E  K  X  M  V  A
O  T  K  S  Q  O  E  R  G  Y  V  D  I  A  L
E  I  A  L  M  V  W  L  M  E  O  U  N  R  P
K  P  A  T  M  A  P  E  D  B  W  Q  A  R  X
V  I  U  V  I  K  U  A  U  W  R  P  L  I  X
X  E  H  Z  O  O  A  S  H  P  S  T  N  V  T
G  F  R  U  W  N  N  Y  J  M  O  I  O  A  X
W  U  W  T  K  D  A  O  R  R  B  R  X  L  E
V  J  L  O  R  Y  E  O  C  T  U  N  X  A  L
H  R  M  X  P  E  F  A  W  E  S  W  P  P  T
X  S  G  L  O  T  K  Q  O  K  H  E  Z  W  D
T  X  S  T  A  T  I  O  N  C  J  L  G  Z  L
E  C  P  L  C  P  E  C  D  I  W  C  A  R  Z
J  S  P  E  A  J  S  L  H  T  A  Y  T  I  Y
S  D  Z  B  T  X  O  I  N  U  J  C  L  Y  F
B  V  X  R  S  Y  J  J  T  R  Q  I  X  A  T
Z  M  A  I  T  X  L  O  E  T  Y  B  H  M  T
B  A  D  E  P  A  R  T  U  R  E  S  O  E  E
K  M  X  Z  Q  K  Q  I  D  J  H  I  R  G  I
O  K  H  J  R  G  A  E  G  E  C  M  B  T  I
Y  M  M  P  X  K  K  A  S  B  I  Z  X  F  F
H  U  C  V  J  H  S  B  R  N  Q  V  T  G  A
J  W  D  T  Z  J  D  F  A  T  Z  V  D  I  C
H  L  V  O  W  T  D  A  I  H  J  X  V  M  K
R  K  S  J  R  I  L  N  U  P  V  U  M  H  T
```

Correct Answers:

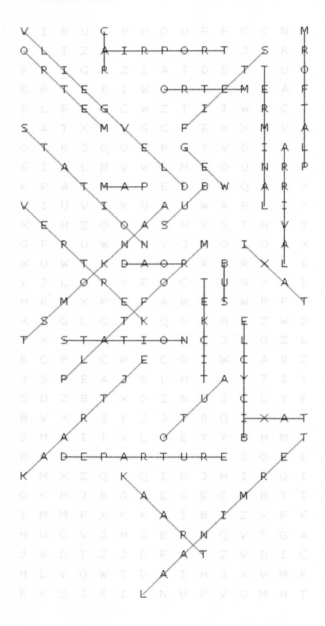

ACCOMMODATIONS

- CHECKING INTO A HOTEL -
- ASKING ABOUT ROOM AMENITIES -
- REPORTING ISSUES OR MAKING REQUESTS -

Hotel Check-In

233. I have a reservation under [Name].
Ik heb een reservering op naam van [Naam].
(Ik heb ayn ruh-zer-veh-ring op nahm vahn [Nahm].)

234. Can I see some identification, please?
Kan ik alstublieft uw identiteitsbewijs zien?
(Kahn ik ahl-stew-bleeft ew i-den-ti-tights-buh-wijs zeen?)

235. What time is check-in/check-out?
Hoe laat is het inchecken/uitchecken?
(Hoo laat is hut in-chek-uhn/owt-chek-uhn?)

236. Is breakfast included in the room rate?
Is het ontbijt inbegrepen in de kamerprijs?
(Is hut ohnt-byt in-buh-greh-puhn in duh kah-mur-prys?)

237. Do you need a credit card for incidentals?
Heeft u een creditcard nodig voor bijkomende kosten?
(Hayft ew ayn kre-dit-kahrt noh-dikh voor by-koh-muhn-duh kos-tuhn?)

238. May I have a room key, please?
Mag ik alstublieft de sleutel van mijn kamer?
(Mahkh ik ahl-stew-bleeft duh sloy-tuhl vahn mayn kah-mur?)

239. Could you call a bellhop for assistance?
Kunt u een kruier roepen voor hulp?
(Kuhnt ew ayn kroo-er roh-puhn voor hulp?)

240.   Is there a shuttle service to the airport?
Is er een pendeldienst naar het vliegveld?
(*Is air ayn pen-del-deenst naar hut vleeeg-veld?*)

> **Fun Fact:** The Anne Frank House in Amsterdam is a
> popular historical site.

Room Amenities

241.   Can I request a non-smoking room?
Kan ik een rookvrije kamer aanvragen?
(*Kahn ik ayn rook-free-yuh kah-mur ahn-vrah-gun?*)

242.   Is there a mini-fridge in the room?
Is er een minibar in de kamer?
(*Is air ayn mee-nee-bar in duh kah-mur?*)

243.   Do you provide free Wi-Fi access?
Biedt u gratis Wi-Fi-toegang?
(*Beet ew grah-tis Wee-Fee-toh-gahng?*)

244.   Can I have an extra pillow or blanket?
Kan ik een extra kussen of deken krijgen?
(*Kahn ik ayn ek-strah kus-suhn of day-kuhn kry-gun?*)

245.   Is there a hairdryer in the bathroom?
Is er een föhn in de badkamer?
(*Is air ayn fuhn in duh baht-kah-mur?*)

246. What's the TV channel lineup?
Wat is de zenderlijst van de tv?
(*Vat is duh zen-der-lyst vahn duh tee-vee?*)

247. Are toiletries like shampoo provided?
Worden toiletartikelen zoals shampoo verstrekt?
(*Vor-dun toy-let-ahr-tee-kuh-luhn zoh-ahls shahm-poo ver-struhkt?*)

248. Is room service available 24/7?
Is roomservice 24 uur per dag beschikbaar?
(*Is room-ser-vee-suh fyer-uhn-tvehn-tikh uur pur dahkh buh-sheek-bar?*)

> **Fun Fact:** The Netherlands is home to many famous DJs, like Tiësto and Armin van Buuren.

Reporting Issues

249. There's a problem with the air conditioning.
Er is een probleem met de airconditioning.
(*Air is ayn proh-blehm met duh air-kohn-dee-shee-oh-ning.*)

250. The shower is not working properly.
De douche werkt niet goed.
(*Duh dow-sheh vurkt neet goot.*)

251. My room key card isn't functioning.
Mijn kamersleutelkaart werkt niet.
(*Mayn kah-mur-sloo-tuhl-kaahrt vurkt neet.*)

252. There's a leak in the bathroom.
Er is een lek in de badkamer.
(*Air is ayn lek in duh baht-kah-mur.*)

253. The TV remote is not responding.
De afstandsbediening van de tv reageert niet.
(*Duh af-stands-buh-dee-ning vahn duh tee-vee ray-ah-geert neet.*)

254. Can you fix the broken light in my room?
Kunt u de kapotte lamp in mijn kamer repareren?
(*Kuhnt ew duh kah-pot-tuh lahm in mayn kah-mur ruh-pah-reer-uhn?*)

255. I need assistance with my luggage.
Ik heb hulp nodig met mijn bagage.
(*Ik heb hulp noh-dikh met mayn bah-gah-ghuh.*)

256. There's a strange noise coming from next door.
Er komt een vreemd geluid uit de kamer ernaast.
(*Air kohmt ayn vraymd guh-loot owt duh kah-mur ur-nahst.*)

Making Requests

257. Can I have a wake-up call at 7 AM?
Kan ik een wekservice om 7 uur 's ochtends krijgen?
(*Kahn ik ayn vek-ser-vee-suh ohm zeh-vuhn uur suh ohkh-tuhnds kry-gun?*)

> **Fun Fact:** The Dutch monarchy is one of the oldest
> constitutional monarchies in the world.

258. Please send extra towels to my room.
Kunt u extra handdoeken naar mijn kamer sturen.
(Kuhnt ew ek-strah hahnd-doh-kuhn naar mayn kah-mur stu-run.)

259. Could you arrange a taxi for tomorrow?
Kunt u een taxi regelen voor morgen?
(Kuhnt ew ayn tak-see ruh-guh-luhn voor mor-ghuhn?)

260. I'd like to extend my stay for two more nights.
Ik wil mijn verblijf met twee nachten verlengen.
(Ik vil mayn vur-blyf met tvey nahkh-tuhn vur-leng-uhn.)

> **Idiomatic Expression:** "Een kat in de zak kopen." -
> Meaning: "To buy a pig in a poke."
> (Literal translation: "To buy a cat in the sack.")

261. Is it possible to change my room?
Is het mogelijk om mijn kamer te veranderen?
(Is hut mo-huh-lik ohm mayn kah-mur tuh vur-ahn-duh-run?)

262. Can I have a late check-out at 2 PM?
Kan ik een late uitcheck hebben om 2 uur 's middags?
(Kahn ik ayn lah-tuh owt-chek heb-buhn ohm tvey uur suh mid-dahghs?)

263. I need an iron and ironing board.
Ik heb een strijkijzer en strijkplank nodig.
(Ik heb ayn stryk-ay-zer en stryk-plahnk noh-dikh.)

264. Could you provide directions to [location]?
Kunt u de weg wijzen naar [locatie]?
(Kuhnt ew duh vaykh vay-zuhn naar [loh-kah-tee-uh]?)

Room Types and Preferences

265. I'd like to book a single room, please.
Ik wil graag een eenpersoonskamer boeken, alstublieft.
(Ik vil grahg ayn ayn-pur-soons-kah-mur boo-kuhn,
ahl-stew-bleeft.)

266. Do you have any suites available?
Heeft u suites beschikbaar?
(Hayft ew swee-tus buh-sheek-bar?)

267. Is there a room with a view of the city?
Is er een kamer met uitzicht op de stad?
(Is air ayn kah-mur met ow-tzikh-t op duh staht?)

268. Is breakfast included in the room rate?
Is ontbijt inbegrepen in de kamerprijs?
(Is ohnt-byt in-buh-greh-puhn in duh kah-mur-prys?)

269. Can I request a room on a higher floor?
Kan ik een kamer op een hogere verdieping aanvragen?
(Kahn ik ayn kah-mur op ayn ho-ghuhruh vur-dee-ping
ahn-vrah-gun?)

270. Is there an option for a smoking room?
Is er een optie voor een rookkamer?
(Is air ayn op-tee voor ayn rook-kah-mur?)

> **Travel Story:** In the historic streets of Delft, an elderly
> man said "Oude liefde roest niet," meaning "Old love
> does not rust," as he spoke of his lifelong affection for his
> city.

271.   Are there connecting rooms for families?
        Zijn er onderling verbonden kamers voor gezinnen?
        (*Zayn air ohn-der-ling vur-bon-duhn kah-murs voor
        guh-zi-nuhn?*)

272.   I'd prefer a king-size bed.
        Ik zou graag een kingsize bed willen.
        (*Ik zow grahg ayn king-size buhd vil-luhn.*)

273.   Is there a bathtub in any of the rooms?
        Is er in een van de kamers een badkuip?
        (*Is air in ayn vahn duh kah-murs ayn baht-kuyp?*)

Hotel Facilities and Services

274.   What time does the hotel restaurant close?
        Hoe laat sluit het hotelrestaurant?
        (*Hoo laat sloyt hut hoh-tel-res-toh-rahn?*)

275.   Is there a fitness center in the hotel?
        Is er een fitnesscentrum in het hotel?
        (*Is air ayn fit-ness-sen-trum in hut hoh-tel?*)

276.   Can I access the pool as a guest?
        Kan ik als gast gebruikmaken van het zwembad?
        (*Kahn ik ahlz ghast guh-bruyk-mah-kuhn vahn hut zwem-bahd?*)

277.   Do you offer laundry facilities?
        Biedt u wasfaciliteiten aan?
        (*Beet ew vahs-fah-see-lee-tigh-tuhn ahn?*)

278. Is parking available on-site?
Is er parkeergelegenheid ter plaatse?
(*Is air par-keer-ghuh-lay-huhn-hayt tuhr plaht-suh?*)

279. Is room cleaning provided daily?
Wordt de kamer dagelijks schoongemaakt?
(*Vohrt duh kah-mur dah-ghuh-lyks shoon-guh-mahkt?*)

280. Can I use the business center?
Kan ik het zakencentrum gebruiken?
(*Kahn ik hut zah-ken-sen-trum guh-bruy-kuhn?*)

281. Are pets allowed in the hotel?
Zijn huisdieren toegestaan in het hotel?
(*Zayn hoys-deer-uhn too-ghuh-stahn in hut hoh-tel?*)

> **Travel Story:** At a traditional cheese market in Gouda, a cheesemaker described their craft as "Zo oud als de weg naar Rome," meaning "As old as the road to Rome," indicating a long-standing tradition.

Payment and Check-Out

282. Can I have the bill, please?
Mag ik de rekening, alstublieft?
(*Mahkh ik duh ray-kuh-ning, ahl-stew-bleeft?*)

283. Do you accept credit cards?
Accepteert u creditcards?
(*Ahk-sep-teert ew kre-dit-kahrts?*)

284. Can I pay in cash?
Kan ik contant betalen?
(*Kahn ik kohn-tahnt buh-tah-luhn?*)

285. Is there a security deposit required?
Is er een borg vereist?
(*Is air ayn borgh vuh-rist?*)

286. Can I get a receipt for my stay?
Kan ik een ontvangstbewijs krijgen voor mijn verblijf?
(*Kahn ik ayn ohn-tvangst-buh-wijs kry-gun voor mayn vur-blyf?*)

287. What's the check-out time?
Hoe laat is de uitchecktijd?
(*Hoo laat is duh owt-chek-tyd?*)

288. Is late check-out an option?
Is een late uitcheck een optie?
(*Is ayn lah-tuh owt-chek ayn op-tee?*)

289. Can I settle my bill in advance?
Kan ik mijn rekening van tevoren betalen?
(*Kahn ik mayn ray-kuh-ning vahn tuh-foh-run buh-tah-luhn?*)

Booking Accommodations

290. I'd like to make a reservation.
Ik wil graag een reservering maken.
(*Ik vil grahg ayn ruh-zer-veh-ring mah-kuhn.*)

291. How much is the room rate per night?
Wat kost de kamer per nacht?
(*Vat kost duh kah-mur pur nahkht?*)

292. Can I book online or by phone?
Kan ik online of telefonisch boeken?
(*Kahn ik ohn-ly-nuh of tay-luh-foh-nish boo-kuhn?*)

293. Are there any special promotions?
Zijn er speciale aanbiedingen?
(*Zayn air spuh-see-ah-luh ahn-bee-duhng-uhn?*)

294. Is breakfast included in the booking?
Is ontbijt inbegrepen bij de boeking?
(*Is ohnt-byt in-buh-greh-puhn by duh boo-king?*)

295. Can you confirm my reservation?
Kunt u mijn reservering bevestigen?
(*Kuhnt ew mayn ruh-zer-veh-ring buh-ves-tih-gun?*)

296. What's the cancellation policy?
Wat is het annuleringsbeleid?
(*Vat is hut ahn-nuh-leh-rings-buh-layt?*)

297. I'd like to modify my booking.
Ik wil mijn boeking wijzigen.
(*Ik vil mayn boo-king vay-zih-gun?*)

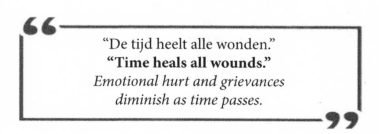

"De tijd heelt alle wonden."
"Time heals all wounds."
*Emotional hurt and grievances
diminish as time passes.*

Mini Lesson:
Basic Grammar Principles in Dutch #1

Introduction:

Dutch, a West Germanic language spoken primarily in the Netherlands and Belgium, is known for its unique phonetics and close relation to English and German. This introductory lesson will guide you through the fundamental grammar principles of Dutch, setting a solid foundation for those embarking on their language learning journey.

1. Nouns and Gender:

Dutch nouns are categorized into three genders: masculine, feminine, and neuter. However, in practice, the distinction between masculine and feminine is often blurred in the common gender:

- *De hond (the dog) - common (masculine/feminine)*
- *Het huis (the house) - neuter*

2. Definite and Indefinite Articles:

Dutch uses "de" for common gender (masculine and feminine) nouns and "het" for neuter nouns. The indefinite articles are "een" (a/an):

- *De kat (the cat) - common*
- *Een kat (a cat) - common*
- *Het kind (the child) - neuter*
- *Een kind (a child) - neuter*

3. Personal Pronouns:

Dutch personal pronouns vary based on person, number, and in the case of the third person, gender:

- *Ik (I)*
- *Jij/je (you - singular)*
- *Hij/zij/het (he/she/it)*
- *Wij/we (we)*
- *Jullie (you - plural)*
- *Zij/ze (they)*

4. Verb Conjugation:

Dutch verbs conjugate based on the subject. The present tense is straightforward, using the stem for most forms:

- *Ik lees (I read)*
- *Jij leest (You read)*
- *Hij leest (He reads)*

5. Tenses:

Dutch has present, past, and future tenses, with compound tenses for perfect aspects:

- *Ik lees (I read)*
- *Ik las (I read/I was reading - past)*
- *Ik zal lezen (I will read)*
- *Ik heb gelezen (I have read)*

6. Negation:

To negate a sentence, "niet" or "geen" is used:

- *Ik begrijp niet (I do not understand)*
- *Ik heb geen boeken (I have no books)*

7. Questions:

Questions are formed by inverting the subject and verb, or using question words:

- *Lees je? (Do you read?)*
- *Waar is het toilet? (Where is the toilet?)*

8. Plurals:

Plural forms typically add -en or -s:

- *Boek (book) -> Boeken (books)*
- *Kat (cat) -> Katten (cats)*

Conclusion:

This introduction to Dutch grammar should give you a good starting point for your language learning. Remember, practice is essential, and immersion in the language through media, conversation, and reading will greatly enhance your proficiency. Veel succes! (Good luck!)

SHOPPING

- BARGAINING AND HAGGLING -
- DESCRIBING ITEMS AND SIZES -
- MAKING PURCHASES AND PAYMENTS -

Bargaining

298. Can you give me a discount?
      Kunt u mij korting geven?
      (Kuhnt ew may kohr-ting gheh-vuhn?)

299. What's your best price?
      Wat is uw beste prijs?
      (Vat is ew best-uh prys?)

300. Is this the final price?
      Is dit de definitieve prijs?
      (Is dit duh deh-fee-nee-tee-vuh prys?)

> **Idiomatic Expression:** "Dat is andere koek." -
> Meaning: "That's a different kettle of fish."
> (Literal translation: "That's another cookie.")

301. I'd like to negotiate the price.
      Ik wil graag over de prijs onderhandelen.
      (Ik vil grahg oh-ver duh prys ohn-der-hahn-duh-luhn.)

302. Can you do any better on the price?
      Kunt u iets met de prijs doen?
      (Kuhnt ew eets met duh prys doon?)

303. Are there any promotions or deals?
      Zijn er promoties of aanbiedingen?
      (Zayn air proh-moh-tee-suh of ahn-bee-duhng-uhn?)

304. What's the lowest you can go?
      Wat is de laagste prijs die u kunt bieden?
      (Vat is duh lahgh-stuh prys dee ew kuhnt bee-duhn?)

305. I'm on a budget. Can you lower the price?
Ik heb een beperkt budget. Kunt u de prijs verlagen?
(*Ik heb ayn buh-purkt booj-et. Kuhnt ew duh prys vur-lah-ghuhn?*)

306. Do you offer any discounts for cash payments?
Biedt u korting voor contante betalingen?
(*Beet ew kohr-ting voor kohn-tahn-tuh buh-tah-ling-uhn?*)

307. Can you match the price from your competitor?
Kunt u de prijs van uw concurrent evenaren?
(*Kuhnt ew duh prys vahn ew kohn-kuhr-rent eh-veh-nah-run?*)

Item Descriptions

308. Can you tell me about this product?
Kunt u mij iets over dit product vertellen?
(*Kuhnt ew may eets oh-ver dit proh-dukt vur-tel-luhn?*)

309. What are the specifications of this item?
Wat zijn de specificaties van dit item?
(*Vat zayn duh spuh-si-fee-kah-tee-suh vahn dit item?*)

310. Is this available in different colors?
Is dit beschikbaar in verschillende kleuren?
(*Is dit buh-sheek-bar in vur-shil-luhn-duh kluh-run?*)

311. Can you explain how this works?
Kunt u uitleggen hoe dit werkt?
(*Kuhnt ew ow-tlay-gun hoo dit vurkt?*)

312.   What's the material of this item?
         Van welk materiaal is dit item gemaakt?
         (*Vahn velk mah-teh-ree-ahl is dit item guh-mahkt?*)

313.   Are there any warranties or guarantees?
         Zijn er garanties of waarborgen voor dit product?
         (*Zayn air guh-rahn-tees of vaar-bohr-gun voor dit proh-dukt?*)

314.   Does it come with accessories?
         Wordt het geleverd met accessoires?
         (*Vohrt hut guh-leh-vuhrt met ak-seh-swaar-uh?*)

315.   Can you show me how to use this?
         Kunt u mij laten zien hoe dit te gebruiken?
         (*Kuhnt ew may lah-tuhn zeen hoo dit tuh guh-bruy-kuhn?*)

316.   Are there any size options available?
         Zijn er verschillende maten beschikbaar?
         (*Zayn air vur-schil-luhn-duh mah-tuhn buh-sheek-bar?*)

317.   Can you describe the features of this product?
         Kunt u de kenmerken van dit product beschrijven?
         (*Kuhnt ew duh ken-mur-kuhn vahn dit proh-dukt
         buh-shry-vuhn?*)

Payments

318.   I'd like to pay with a credit card.
         Ik wil graag met een creditcard betalen.
         (*Ik vil grahg met ayn kre-dit-kahrt buh-tah-luhn.*)

319. Do you accept debit cards?
Accepteert u betaalpassen?
(*Ahk-sep-teert ew buh-tahl-pah-suhn?*)

320. Can I pay in cash?
Kan ik contant betalen?
(*Kahn ik kohn-tahnt buh-tah-luhn?*)

> **Idiomatic Expression:** "Een wit voetje halen." -
> Meaning: "To ingratiate oneself."
> (Literal translation: "To get a white foot.")

321. What's your preferred payment method?
Wat is uw voorkeursbetaalmethode?
(*Vat is ew voor-kuhrs-buh-tahl-muh-thoh-duh?*)

322. Is there an extra charge for using a card?
Zijn er extra kosten voor het gebruik van een kaart?
(*Zayn air ek-strah kos-tuhn voor hut guh-bruyk vahn ayn kaahrt?*)

323. Can I split the payment into installments?
Kan ik de betaling in termijnen doen?
(*Kahn ik duh buh-tah-ling in tur-miyn-nuhn doon?*)

324. Do you offer online payment options?
Biedt u online betaalopties aan?
(*Beet ew ohn-ly-nuh buh-tahl-op-tee-suh ahn?*)

325. Can I get a receipt for this purchase?
Kan ik een bon krijgen voor deze aankoop?
(*Kahn ik ayn bon kry-gun voor day-zuh ahn-koop?*)

326. Are there any additional fees?
Zijn er extra kosten?
(*Zayn air ek-strah kos-tuhn?*)

327. Is there a minimum purchase amount for card payments?
Is er een minimumbedrag voor betalingen met kaart?
(*Is air ayn mee-nee-mum-buh-drahkh voor buh-tah-ling-uhn met kaahrt?*)

> **Travel Story:** Cycling through the Hoge Veluwe National Park, a local cyclist used "Fietsen zit ons in het bloed," meaning "Cycling is in our blood," to describe the Dutch love for biking.

Asking for Recommendations

328. Can you recommend something popular?
Kunt u iets populairs aanbevelen?
(*Kuhnt ew eets po-pew-lairs ahn-buh-veh-luhn?*)

329. What's your best-selling product?
Wat is uw bestverkochte product?
(*Vat is ew best-fur-kohkh-tuh proh-dukt?*)

330. Do you have any customer favorites?
Heeft u klantenfavorieten?
(*Hayft ew klahn-ten-fah-vo-ree-ten?*)

331. Is there a brand you would suggest?
Is er een merk dat u zou aanbevelen?
(*Is air ayn murk daht ew zow ahn-buh-veh-luhn?*)

332. Could you point me to high-quality items?
Kunt u mij wijzen op hoogwaardige artikelen?
(*Kuhnt ew may vay-zuhn op hohkh-vahr-dih-guh
ar-tee-kuh-luhn?*)

333. What do most people choose in this category?
Wat kiezen de meeste mensen in deze categorie?
(*Vat kee-zuhn duh may-stuh men-suhn in day-zuh
kah-teh-goh-ree?*)

334. Are there any special recommendations?
Zijn er speciale aanbevelingen?
(*Zayn air spuh-see-ah-luh ahn-buh-veh-ling-uhn?*)

335. Can you tell me what's trendy right now?
Kunt u mij vertellen wat nu in de mode is?
(*Kuhnt ew may vur-tel-luhn vat noo in duh moh-duh is?*)

336. What's your personal favorite here?
Wat is uw persoonlijke favoriet hier?
(*Vat is ew pur-sohn-lee-kuh fah-vo-reet heer?*)

337. Any suggestions for a gift?
Heeft u suggesties voor een cadeau?
(*Hayft ew suhg-ges-tee-suh voor ayn kah-dow?*)

Language Learning Tip: Watch Dutch TV Shows - A
fun way to hear Dutch spoken in various contexts.

Returns and Exchanges

338.   I'd like to return this item.
Ik wil dit artikel retourneren.
(*Ik vil dit ar-tee-kel reh-too-ruh-ne-ren.*)

339.   Can I exchange this for a different size?
Kan ik dit omruilen voor een andere maat?
(*Kahn ik dit om-roy-luhn voor ayn ahn-duh maht?*)

340.   What's your return policy?
Wat is uw retourbeleid?
(*Vat is ew reh-too-ruh-buh-layd?*)

341.   Is there a time limit for returns?
Is er een tijdslimiet voor retourneren?
(*Is air ayn tyds-lee-meet voor reh-too-ruh-ne-ren?*)

342.   Do I need a receipt for a return?
Heb ik een bon nodig voor een retour?
(*Heb ik ayn bon noh-dikh voor ayn reh-too-ruh?*)

343.   Is there a restocking fee for returns?
Is er een herbevoorradingskosten voor retourzendingen?
(*Is air ayn hair-buh-voor-rah-dings-kos-tuhn voor reh-too-ruh-zehn-ding-uhn?*)

344.   Can I get a refund or store credit?
Kan ik een terugbetaling of winkeltegoed krijgen?
(*Kahn ik ayn tuh-roog-buh-tah-ling of win-kuhl-tuh-good kry-gun?*)

345. Do you offer exchanges without receipts?
Biedt u omruilingen aan zonder bon?
(*Beet ew ohm-roy-ling-uhn ahn zohn-duhr bon?*)

346. What's the process for returning a defective item?
Wat is het proces voor het retourneren van een defect artikel?
(*Vat is hut proh-ses voor hut reh-too-ruh-ne-ren vahn ayn deh-fekt ar-tee-kel?*)

347. Can I return an online purchase in-store?
Kan ik een online aankoop in de winkel retourneren?
(*Kahn ik ayn ohn-ly-nuh ahn-koop in duh win-kuhl reh-too-ruh-ne-ren?*)

> **Travel Story:** In a Zaanse Schans craft shop, the artisan said "Ambacht houdt de geschiedenis levend," meaning "Craftsmanship keeps history alive."

Shopping for Souvenirs

348. I'm looking for local souvenirs.
Ik zoek lokale souvenirs.
(*Ik zook loh-kah-luh soo-vuh-neers.*)

349. What's a popular souvenir from this place?
Wat is een populaire souvenir van deze plaats?
(*Vat is ayn po-pew-lair soo-vuh-neer vahn day-zuh plahts?*)

350. Do you have any handmade souvenirs?
Heeft u handgemaakte souvenirs?
(*Hayft ew hahnt-guh-mahk-tuh soo-vuh-neers?*)

351.   Are there any traditional items here?
Zijn hier traditionele artikelen?
(*Zayn heer trah-dee-see-oh-nay-luh ar-tee-kuh-luhn?*)

352.   Can you suggest a unique souvenir?
Kunt u een uniek souvenir aanbevelen?
(*Kuhnt ew ayn oo-neek soo-vuh-neer ahn-buh-veh-luhn?*)

353.   I want something that represents this city.
Ik wil iets dat deze stad vertegenwoordigt.
(*Ik vil eets daht day-zuh staht vur-tuh-hayn-vohr-dihkht.*)

354.   Are there souvenirs for a specific landmark?
Zijn er souvenirs voor een specifiek herkenningspunt?
(*Zayn air soo-vuh-neers voor ayn spuh-see-feek hair-kun-nings-puhnt?*)

355.   Can you show me souvenirs with cultural significance?
Kunt u mij souvenirs tonen met culturele betekenis?
(*Kuhnt ew may soo-vuh-neers toh-nuhn met kool-tuh-ray-luh buh-tay-kuh-nis?*)

356.   Do you offer personalized souvenirs?
Biedt u gepersonaliseerde souvenirs aan?
(*Beet ew guh-pur-soh-nah-lee-zayr-duh soo-vuh-neers ahn?*)

357.   What's the price range for souvenirs?
Wat is het prijsbereik voor souvenirs?
(*Vat is hut prys-buh-rayk voor soo-vuh-neers?*)

> **Cultural Insight:** Coffee is a significant part of social culture, with the Dutch being among the highest consumers of coffee per capita.

Shopping Online

358.   How do I place an order online?
Hoe plaats ik een bestelling online?
(Hoo plahts ik ayn buh-stel-ling ohn-ly-nuh?)

359.   What's the website for online shopping?
Wat is de website voor online winkelen?
(Vat is duh web-sait voor ohn-ly-nuh vin-kuh-luhn?)

360.   Do you offer free shipping?
Biedt u gratis verzending aan?
(Beet ew grah-tis vur-zehn-ding ahn?)

361.   Are there any online discounts or promotions?
Zijn er online kortingen of promoties?
(Zayn air ohn-ly-nuh kor-tin-gun of proh-moh-tee-suh?)

362.   Can I track my online order?
Kan ik mijn online bestelling volgen?
(Kahn ik mayn ohn-ly-nuh buh-stel-ling vol-gun?)

363.   What's the return policy for online purchases?
Wat is het retourbeleid voor online aankopen?
*(Vat is hut reh-too-ruh-buh-layd voor ohn-ly-nuh
ahn-koh-puhn?)*

364.   Do you accept various payment methods online?
Accepteert u verschillende betaalmethoden online?
*(Ahk-sep-teert ew vur-schil-luhn-duh buh-tahl-meh-thoh-duhn
ohn-ly-nuh?)*

365.   Is there a customer support hotline for online orders?
       Is er een klantenservice hotline voor online bestellingen?
       (*Is air ayn klahn-ten-sur-vee-suh hoht-lyn voor ohn-ly-nuh buh-stel-lin-gun?*)

> **Idiomatic Expression:** "Een open deur intrappen." -
> Meaning: "To state the obvious."
> (Literal translation: "To kick in an open door.")

366.   Can I change or cancel my online order?
       Kan ik mijn online bestelling wijzigen of annuleren?
       (*Kahn ik mayn ohn-ly-nuh buh-stel-ling vay-zih-gun of ahn-new-leh-run?*)

367.   What's the delivery time for online purchases?
       Wat is de levertijd voor online aankopen?
       (*Vat is duh leh-fur-tyd voor ohn-ly-nuh ahn-koh-puhn?*)

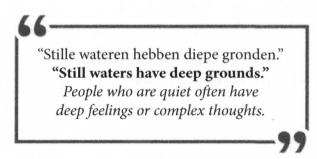

"Stille wateren hebben diepe gronden."
"Still waters have deep grounds."
*People who are quiet often have
deep feelings or complex thoughts.*

Cross Word Puzzle: Shopping

(Provide the Dutch translation for the following English words)

Down

2. - CUSTOMER
3. - CART
4. - WALLET
7. - SHOPPER
8. - SALE
9. - PRICE
11. - COUNTER

Across

1. - STORE
5. - PURCHASE
6. - BRAND
10. - DISCOUNT
12. - CLOTHING
13. - CASHIER
14. - RECEIPT
15. - BOUTIQUE

Correct Answers:

EMERGENCIES

- SEEKING HELP IN CASE OF AN EMERGENCY -
- REPORTING ACCIDENTS OR HEALTH ISSUES -
- CONTACTING AUTHORITIES OR MEDICAL SERVICES -

Getting Help in Emergencies

368. Call an ambulance, please.
Bel alstublieft een ambulance.
(Bel ahl-stew-bleeft ayn ahm-boo-lahn-suh.)

> **Language Learning Tip:** Use Post-It Notes - Write new words on notes and stick them around your home.

369. I need a doctor right away.
Ik heb direct een dokter nodig.
(Ik heb dee-rekt ayn dok-tur noh-dikh.)

370. Is there a hospital nearby?
Is er een ziekenhuis in de buurt?
(Is air ayn zee-kuhn-huys in duh byurt?)

371. Help! I've lost my way.
Help! Ik ben verdwaald.
(Help! Ik ben fur-dvahld.)

372. Can you call the police?
Kunt u de politie bellen?
(Kuhnt ew duh poh-lee-tee bel-luhn?)

373. Someone, please call for help.
Iemand, bel alstublieft om hulp.
(Ee-mahnd, bel ahl-stew-bleeft ohm hulp.)

374. My friend is hurt, we need assistance.
Mijn vriend is gewond, we hebben hulp nodig.
(Mayn freend is guh-vohnd, vuh heb-buhn hulp noh-dikh.)

375. I've been robbed; I need the authorities.
Ik ben beroofd; ik heb de autoriteiten nodig.
(*Ik ben buh-rooft; ik heb duh ow-toh-ree-tigh-tuhn noh-dikh.*)

376. Please, I need immediate assistance.
Alstublieft, ik heb direct hulp nodig.
(*Ahl-stew-bleeft, ik heb dee-rekt hulp noh-dikh.*)

377. Is there a fire station nearby?
Is er een brandweerkazerne in de buurt?
(*Is air ayn brant-veer-kah-zur-nuh in duh byurt?*)

Reporting Incidents

378. I've witnessed an accident.
Ik heb een ongeluk gezien.
(*Ik heb ayn on-guh-luhk guh-zeen.*)

379. There's been a car crash.
Er is een auto-ongeluk gebeurd.
(*Air is ayn ow-toh-on-guh-luhk guh-byuhrd.*)

380. We need to report a fire.
We moeten een brand melden.
(*Vuh moh-tuhn ayn brant mel-dun.*)

381. Someone has stolen my wallet.
Iemand heeft mijn portemonnee gestolen.
(*Ee-mahnd hayft mayn por-tuh-moh-nay guh-stoh-luhn.*)

382. I need to report a lost passport.
Ik moet een verloren paspoort melden.
(*Ik moht ayn vur-loh-ren pahs-pohrt mel-duhn.*)

383. There's a suspicious person here.
Er is hier een verdacht persoon.
(*Air is heer ayn vur-dahkht puh-sohn.*)

384. I've found a lost child.
Ik heb een verloren kind gevonden.
(*Ik heb ayn vur-loh-ren kind guh-von-duhn.*)

385. Can you help me report a missing person?
Kunt u mij helpen een vermist persoon te melden?
(*Kuhnt ew may hel-puhn ayn vur-mist puh-sohn tuh mel-duhn?*)

386. We've had a break-in at our home.
Er is bij ons thuis ingebroken.
(*Air is bai ons tuys in-guh-broh-kuhn.*)

387. I need to report a damaged vehicle.
Ik moet een beschadigd voertuig melden.
(*Ik moht ayn buh-shah-dihkt voor-tuhkh mel-duhn.*)

Contacting Authorities

388. I'd like to speak to the police.
Ik wil graag met de politie spreken.
(*Ik vil grahg met duh poh-lee-tee spray-kuhn.*)

389. I need to contact the embassy.
Ik moet de ambassade contacteren.
(*Ik moht duh ahm-bah-sah-duh kon-tak-tuh-ruhn.*)

390. Can you connect me to the fire department?
Kunt u mij doorverbinden met de brandweer?
(*Kuhnt ew may door-vur-bin-duhn met duh brant-veer?*)

391. We need to reach animal control.
We moeten de dierenbescherming bereiken.
(*Vuh moh-tuhn duh dee-ruhn-buh-shur-ming buh-ray-kuhn.*)

392. How do I get in touch with the coast guard?
Hoe neem ik contact op met de kustwacht?
(*Hoo naym ik kon-takt op met duh koost-vahkht?*)

393. I'd like to report a noise complaint.
Ik wil graag een geluidsklacht indienen.
(*Ik vil grahg ayn guh-louts-klahkt in-dee-nuhn.*)

394. I need to contact child protective services.
Ik moet contact opnemen met de kinderbescherming.
(*Ik moht kon-takt op-nay-muhn met duh kin-duhr-buh-shur-ming.*)

395. Is there a hotline for disaster relief?
Is er een hotline voor rampenhulp?
(*Is air ayn hoht-lyn voor ram-puhn-hulp?*)

> **Fun Fact:** The Netherlands is famous for its bell towers and carillons.

396.   I want to report a hazardous situation.
Ik wil een gevaarlijke situatie melden.
(*Ik vil ayn guh-vahr-lij-kuh si-tuw-ah-tsee mel-duhn.*)

397.   I need to reach the environmental agency.
Ik moet contact opnemen met het milieubureau.
(*Ik moht kon-takt op-nay-muhn met hut mee-lee-uh-buh-roo.*)

> **Travel Story:** In a Leiden bookshop, a reader described a historical novel as "Het brengt de geschiedenis tot leven," meaning "It brings history to life."

Medical Emergencies

398.   I'm feeling very ill.
Ik voel me erg ziek.
(*Ik vohl muh urgh zeek.*)

399.   There's been an accident; we need a medic.
Er is een ongeluk gebeurd; we hebben een dokter nodig.
(*Air is ayn on-guh-luk guh-byuhrd; vuh heb-buhn ayn dok-tur noh-dikh.*)

400.   Call 112; it's a medical emergency.
Bel 112; het is een medische noodsituatie.
(*Bel ayn-ayn-tvay; hut is ayn muh-dee-shuh nood-si-tuw-ah-tsee.*)

> **Fun Fact:** The Dutch consume more licorice than any other nation.

401. We need an ambulance right away.
We hebben direct een ambulance nodig.
(Vuh heb-buhn dee-rekt ayn ahm-boo-lahn-suh noh-dikh.)

402. I'm having trouble breathing.
Ik heb ademhalingsproblemen.
(Ik heb ah-duhm-hah-lings-proh-bleh-muhn.)

403. Someone has lost consciousness.
Iemand is het bewustzijn verloren.
(Ee-mahnd is hut buh-voost-zayn vur-loh-run.)

404. I think it's a heart attack; call for help.
Ik denk dat het een hartaanval is; bel om hulp.
(Ik denk daht hut ayn hahr-tahn-fahl is; bel ohm hulp.)

405. There's been a severe injury.
Er is een ernstig letsel opgetreden.
(Air is ayn urn-stikh leht-suhl op-guh-treh-duhn.)

406. I need immediate medical attention.
Ik heb onmiddellijke medische hulp nodig.
(Ik heb on-mee-duh-lij-kuh muh-dee-shuh hulp noh-dikh.)

407. Is there a first-aid station nearby?
Is er een EHBO-station in de buurt?
(Is air ayn ay-ay-bay-oh-stah-tee-ohn in duh byurt?)

> **Idiomatic Expression:** "Het zwarte schaap zijn." -
> Meaning: "To be the black sheep."
> (Literal translation: "To be the black sheep.")

95

Fire and Safety

408. There's a fire; call 112!
     Er is brand; bel 112!
     (Air is brahnd; bel ayn-ayn-tvay!)

409. We need to evacuate the building.
     We moeten het gebouw evacueren.
     (Vuh moh-tuhn hut guh-bow vuh-vah-koo-ruh-ren.)

410. Fire extinguisher, quick!
     Brandblusser, snel!
     (Brahnd-bluhs-sur, snel!)

411. I smell gas; we need to leave.
     Ik ruik gas; we moeten weg.
     (Ik roik gahs; vuh moh-tuhn vuhg.)

> **Fun Fact:** Much of the land in the Netherlands has been reclaimed from the sea.

412. Can you contact the fire department?
     Kun je de brandweer bellen?
     (Kuhn yuh duh brahnd-veer bel-luhn?)

413. There's a hazardous spill; we need help.
     Er is een gevaarlijke lekkage; we hebben hulp nodig.
     (Air is ayn guh-vahr-lij-kuh lek-kah-guh; vuh heb-buhn hulp noh-dikh.)

414. Is there a fire escape route?
     Is er een brandvlucht route of nooduitgang?
     (Is air ayn brahnd-vlucht roo-tuh of nood-uyt-gahng?)

415. This area is not safe; we need to move.
Dit gebied is niet veilig; we moeten verplaatsen.
(*Dit guh-bee-d is neet vay-lik; vuh moh-tuhn fur-plaht-suhn.*)

416. Alert, there's a potential explosion.
Waarschuwing, er is een mogelijk explosiegevaar.
(*Vahr-skhow-ing, air is ayn mo-he-lijk ek-sploh-see-guh-vahr.*)

417. I see smoke; we need assistance.
Ik zie rook; we hebben hulp nodig.
(*Ik zee rohk; vuh heb-buhn hulp noh-dikh.*)

Natural Disasters

418. It's an earthquake; take cover!
Het is een aardbeving; zoek dekking!
(*Hut is ayn ahrd-bay-ving; zook dek-king!*)

419. We're experiencing a tornado; find shelter.
Er is een tornado; zoek een schuilplaats.
(*Air is ayn tor-nah-doh; zook ayn shuy-il-plahts.*)

420. Flood warning; move to higher ground.
Overstromingswaarschuwing; verplaats naar hoger gelegen terrein.
(*Oh-ver-strom-mings-vahr-skhow-ing; fur-plahts nah-ahr hoh-gur guh-leh-gun tur-rayn.*)

421. We need to prepare for a hurricane.
We moeten ons voorbereiden op een orkaan.
(*Vuh moh-tuhn ons vohr-buh-ray-duhn op ayn or-kahn.*)

422.   This is a tsunami alert; head inland.
        Dit is een tsunamiwaarschuwing; ga landinwaarts.
        (*Dit is ayn tsoo-nah-mee-vahr-skhow-ing; gah lahnd-in-wahrts.*)

        Fun Fact: Dutch is also an official language in Suriname, Aruba, Curacao, and St. Maarten.

423.   It's a wildfire; evacuate immediately.
        Het is een natuurbrand; evacueer onmiddellijk.
        (*Hut is ayn nah-tuur-brand; eh-vah-koo-eer on-mee-duh-lijk.*)

424.   There's a volcanic eruption; take precautions.
        Er is een vulkaanuitbarsting; neem voorzorgsmaatregelen.
        (*Air is ayn vul-kahn-uyt-bar-sting; naym voor-zorhs-mah-truh-guh-luhn.*)

425.   We've had an avalanche; help needed.
        Er is een lawine geweest; hulp is nodig.
        (*Air is ayn lah-vee-nuh guh-vest; hulp is noh-dikh.*)

426.   Earthquake aftershock; stay indoors.
        Naschok van een aardbeving; blijf binnen.
        (*Nah-schok vahn ayn ahrd-bay-ving; blyf bin-nuhn.*)

427.   Severe thunderstorm; seek shelter.
        Hevige onweersbui; zoek beschutting.
        (*Hay-vee-ghuh on-veers-bui; zook buh-shut-ting.*)

        Idiomatic Expression: "Zo gezond als een vis." - Meaning: "As healthy as a horse."
        (Literal translation: "As healthy as a fish.")

Emergency Services Information

428. What's the emergency hotline number?
Wat is het nummer van de nooddienst?
(Vat is hut noo-mur vahn duh nood-dee-enst?)

429. Where's the nearest police station?
Waar is het dichtstbijzijnde politiebureau?
(Vahr is hut dikhtst-bai-zynde poh-lee-tsee-buh-roo?)

430. How do I contact the fire department?
Hoe neem ik contact op met de brandweer?
(Hoo naym ik kon-takt op met duh brahnd-veer?)

431. Is there a hospital nearby?
Is er een ziekenhuis in de buurt?
(Is air ayn zeek-un-huys in duh byurt?)

432. What's the number for poison control?
Wat is het nummer van het antigifcentrum?
(Vat is hut noo-mur vahn hut ahn-tee-gift-sen-trum?)

433. Where can I find a disaster relief center?
Waar vind ik een rampenhulpcentrum?
(Vahr vind ik ayn ram-pun-hulp-sen-trum?)

> **Fun Fact:** Due to tax reasons in the past, many houses in Amsterdam are tall and narrow.

434. What's the local emergency radio station?
Wat is het lokale noodradiozender?
(*Vat is hut loh-kah-luh nood-rah-dee-oh-zen-der?*)

435. Are there any shelters in the area?
Zijn er schuilplaatsen in het gebied?
(*Zyn air skhuy-il-plaat-suhn in hut guh-bee-d?*)

436. Who do I call for road assistance?
Met wie neem ik contact op voor wegenhulp?
(*Met vee naym ik kon-takt op voor vay-gen-hulp?*)

437. How can I reach search and rescue teams?
Hoe kan ik zoek- en reddingsteams bereiken?
(*Hoo kan ik zook- en reh-dings-teams buh-ry-ken?*)

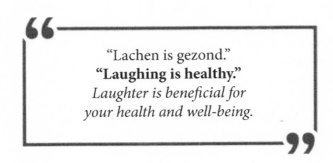

"Lachen is gezond."
"Laughing is healthy."
*Laughter is beneficial for
your health and well-being.*

Interactive Challenge: Emergencies Quiz

1. **How do you say "emergency" in Dutch?**

   a) Appel
   b) Noodgeval
   c) Kaas
   d) Strand

2. **What's the Dutch word for "ambulance"?**

   a) Auto
   b) Fiets
   c) Ambulance
   d) School

3. **If you need immediate medical attention, what should you say in Dutch?**

   a) Ik wil graag brood.
   b) Waar is het station?
   c) Ik heb onmiddellijk medische hulp nodig.

4. **How do you ask "Is there a hospital nearby?" in Dutch?**

   a) Waar is de bioscoop?
   b) Heb je een pen?
   c) Is er een ziekenhuis in de buurt?

5. **What's the Dutch word for "police"?**

   a) Appel
   b) Politie
   c) Trein

6. **How do you say "fire" in Dutch?**

   a) Zon
   b) Hond
   c) Brand
   d) Boek

7. **If you've witnessed an accident, what phrase can you use in Dutch?**

   a) Ik wil graag chocolade.
   b) Ik heb een ongeluk gezien.
   c) Ik hou van bloemen.
   d) Dit is mijn huis.

8. **What's the Dutch word for "help"?**

   a) Tot ziens
   b) Goedendag
   c) Dank je
   d) Help!

9. **How would you say "I've been robbed; I need the authorities" in Dutch?**

   a) Ik heb kaas gegeten.
   b) Ik ben beroofd; ik heb de autoriteiten nodig.
   c) Dit is een mooie berg.

10. **How do you ask "Can you call an ambulance, please?" in Dutch?**

    a) Kun je een taxi bellen, alstublieft?
    b) Kun je me het zout geven?
    c) Kun je een ambulance bellen, alstublieft?

11. What's the Dutch word for "emergency services"?

a) Nooddiensten
b) Heerlijke cake
c) Licht

12. How do you say "reporting an accident" in Dutch?

a) Een liedje zingen
b) Een boek lezen
c) Een ongeluk melden

13. If you need to contact the fire department, what should you say in Dutch?

a) Hoe kom ik bij de bibliotheek?
b) Ik moet contact opnemen met de brandweer.
c) Ik zoek mijn vriend.

14. What's the Dutch word for "urgent"?

a) Klein
b) Mooi
c) Snel
d) Dringend

15. How do you ask for the nearest police station in Dutch?

a) Waar is de dichtstbijzijnde bakkerij?
b) Waar is het dichtstbijzijnde politiebureau?
c) Heb je een kaart?
d) Hoe laat is het?

Correct Answers:

1. b)
2. c)
3. c)
4. c)
5. b)
6. c)
7. b)
8. d)
9. b)
10. c)
11. a)
12. c)
13. b)
14. d)
15. b)

EVERYDAY CONVERSATIONS

- SMALL TALK AND CASUAL CONVERSATIONS -
- DISCUSSING THE WEATHER, HOBBIES, AND INTERESTS -
- MAKING PLANS WITH FRIENDS OR ACQUAINTANCES -

Small Talk

438.   How's it going?
Hoe gaat het?
(*Hoo gaat hut?*)

439.   Nice weather we're having, isn't it?
Mooi weer vandaag, nietwaar?
(*Moo-ee vayr vahn-dahk, neet-vahr?*)

440.   Have any exciting plans for the weekend?
Heb je spannende plannen voor het weekend?
(*Heb yuh span-nun-duh plah-nun voor hut vay-kend?*)

441.   Did you catch that new movie?
Heb je die nieuwe film al gezien?
(*Heb yuh dee noo-yuh film ahl guh-zeen?*)

442.   How's your day been so far?
Hoe is je dag tot nu toe geweest?
(*Hoo is yuh dahk tot noo too guh-vest?*)

443.   What do you do for work?
Wat doe je voor werk?
(*Vat doe yuh voor vurk?*)

444.   Do you come here often?
Kom je hier vaak?
(*Kom yuh heer vaak?*)

445.   Have you tried the food at this place before?
Heb je het eten hier al eens geprobeerd?
(*Heb yuh hut ay-tun heer ahl ayns guh-proh-beert?*)

446. Any recommendations for things to do in town?
Aanbevelingen voor dingen om te doen in de stad?
(*Ahn-buh-veh-lin-gun voor din-gun ohm tuh doon in duh stahd?*)

447. Do you follow any sports teams?
Volg je sportteams?
(*Vohl yuh sport-teams?*)

448. Have you traveled anywhere interesting lately?
Ben je onlangs naar interessante plaatsen gereisd?
(*Ben yuh oon-lahngs naar in-tuh-res-sahn-tuh plaat-sun guh-ryzd?*)

449. Do you enjoy cooking?
Vind je koken leuk?
(*Vind yuh koh-kun look?*)

> **Travel Story:** At a Rotterdam harbor tour, the guide said, "Hier klopt het hart van de economie," translating to "Here beats the heart of the economy," highlighting the port's significance.

Casual Conversations

450. What's your favorite type of music?
Wat is je favoriete muziekgenre?
(*Vat is yuh fah-vo-ree-tuh moo-zeek-zhahn-ruh?*)

> **Fun Fact:** The Zuidplaspolder is the lowest point in the Netherlands, about 7 meters below sea level.

451. How do you like to spend your free time?
Hoe breng je graag je vrije tijd door?
(*Hoo breng yuh grahk yuh vree-yuh teyt door?*)

452. Do you have any pets?
Heb je huisdieren?
(*Heb yuh hooys-dee-uh-ren?*)

453. Where did you grow up?
Waar ben je opgegroeid?
(*Vahr ben yuh op-ghuh-growyd?*)

454. What's your family like?
Hoe is jouw gezin?
(*Hoo is yow guh-zeen?*)

455. Are you a morning person or a night owl?
Ben je een ochtendmens of een nachtbraker?
(*Ben yuh un ohkht-und-mens of un nakht-brah-ker?*)

456. Do you prefer coffee or tea?
Heb je liever koffie of thee?
(*Heb yuh lee-vur kof-fee of tay?*)

457. Are you into any TV shows right now?
Volg je momenteel enige tv-series?
(*Vohl yuh moh-men-tayl en-ighuh teh-veh-seh-ree-es?*)

> **Idiomatic Expression:** "Je neus stoten." -
> Meaning: "To get a rejection."
> (Literal translation: "To bump your nose.")

458. What's the last book you read?
Wat is het laatste boek dat je hebt gelezen?
(*Vat is hut laht-stuh book dat yuh hept guh-lay-zun?*)

459. Do you like to travel?
Reis je graag?
(*Rays yuh grahk?*)

460. Are you a fan of outdoor activities?
Houd je van buitenactiviteiten?
(*Howd yuh vahn bow-tuhn-ak-tee-vee-tigh-tun?*)

461. How do you unwind after a long day?
Hoe ontspan je na een lange dag?
(*Hoo onht-span yuh nah un lahnguh dahk?*)

> **Fun Fact:** The Dutch love to eat bread with hagelslag, chocolate sprinkles.

Discussing the Weather

462. Can you believe this heat/cold?
Kun je geloven hoe warm/koud het is?
(*Kuhn yuh guh-loh-vun hoo vahrm/kowt hut is?*)

463. I heard it's going to rain all week.
Ik hoorde dat het de hele week gaat regenen.
(*Ik hoor-duh dat hut duh heh-luh vayk gaht ray-guh-nun.*)

464. What's the temperature like today?
Hoe is de temperatuur vandaag?
(*Hoo is duh tem-puh-rah-toor vahn-dahk?*)

465. Do you like sunny or cloudy days better?
Heb je liever zonnige of bewolkte dagen?
(*Heb yuh lee-ver zon-ni-guh of buh-vol-kte dah-gen?*)

466. Have you ever seen a snowstorm like this?
Heb je ooit zo'n sneeuwstorm gezien?
(*Heb yuh oyt zon snuh-vstorm guh-zeen?*)

467. Is it always this humid here?
Is het hier altijd zo vochtig?
(*Is hut heer al-teyt zo vokh-tikh?*)

468. Did you get caught in that thunderstorm yesterday?
Ben je gisteren in dat onweer terechtgekomen?
(*Ben yuh gis-ter-ren in dat on-vayr terekh-tuh-ko-men?*)

469. What's the weather like in your hometown?
Hoe is het weer in je geboortestad?
(*Hoo is hut vayr in yuh guh-boor-tuh-stad?*)

470. I can't stand the wind; how about you?
Ik kan de wind niet verdragen; en jij?
(*Ik kan duh vind neet ver-drah-gen; en yay?*)

471. Is it true the winters here are mild?
Is het waar dat de winters hier mild zijn?
(*Is hut vahr dat duh vin-ters heer mild zine?*)

472. Do you like beach weather?
Hou je van strandweer?
(*How yuh van strand-vayr?*)

473. How do you cope with the humidity in summer?
Hoe ga je om met de vochtigheid in de zomer?
(*Hoo gah yuh ohm met duh vokh-tikh-hide in duh zoh-mer?*)

> **Idiomatic Expression:** "Op hete kolen zitten." -
> Meaning: "To be on pins and needles."
> (Literal translation: "To sit on hot coals.")

Hobbies

474. What are your hobbies or interests?
Wat zijn je hobby's of interesses?
(*Vat zine yuh hob-bees of in-ter-es-sus?*)

475. Do you play any musical instruments?
Bespeel je muziekinstrumenten?
(*Buh-spale yuh moo-zee-kin-stru-men-ten?*)

476. Have you ever tried painting or drawing?
Heb je ooit geschilderd of getekend?
(*Heb yuh oyt guh-schil-durt of guh-tek-ent?*)

477. Are you a fan of sports?
Ben je een sportliefhebber?
(*Ben yuh un sport-leeve-hubber?*)

478. Do you enjoy cooking or baking?
Vind je koken of bakken leuk?
(*Vind yuh koh-ken of bah-ken leuk?*)

479. Are you into photography?
Ben je geïnteresseerd in fotografie?
(Ben yuh ghee-in-tuh-res-seerd in foh-toh-grah-fee?)

480. Have you ever tried gardening?
Heb je ooit tuinieren geprobeerd?
(Heb yuh oyt too-ee-nee-ren guh-pro-beerd?)

481. Do you like to read in your free time?
Lees je graag in je vrije tijd?
(Lays yuh grahg in yuh vree-uh teyd?)

482. Have you explored any new hobbies lately?
Heb je recent nieuwe hobby's verkend?
(Heb yuh reh-sent niew-uh hob-bees ver-kend?)

483. Are you a collector of anything?
Verzamel je iets?
(Ver-zah-mul yuh eets?)

484. Do you like to watch movies or TV shows?
Kijk je graag films of TV-series?
(Keyk yuh grahg films of teh-veh-seh-ree-us?)

485. Have you ever taken up a craft project?
Heb je ooit een knutselproject begonnen?
(Heb yuh oyt un knoot-sul-pro-jekt buh-gon-nen?)

> **Idiomatic Expression:** "In de aap gelogeerd zijn." -
> Meaning: "To be in a fix."
> (Literal translation: "To be lodged in the monkey.")

Interests

486. What topics are you passionate about?
Over welke onderwerpen ben je gepassioneerd?
(O-ver vel-kuh on-der-werp-pen ben yuh guh-pas-see-oh-neerd?)

487. Are you involved in any social causes?
Ben je betrokken bij sociale doelen?
(Ben yuh buh-trok-ken bee so-see-ah-luh doo-lun?)

488. Do you enjoy learning new languages?
Vind je het leuk om nieuwe talen te leren?
(Vind yuh hut look ohm niew-uh tah-lun tuh leh-ren?)

> **Fun Fact:** The Netherlands remained neutral during World War I.

489. Are you into fitness or wellness?
Ben je geïnteresseerd in fitness of welzijn?
(Ben yuh ghee-in-tuh-res-seerd in fit-ness of vel-zine?)

490. Are you a technology enthusiast?
Ben je een technologiefan?
(Ben yuh un tehk-no-loh-ghee-fan?)

491. What's your favorite genre of books or movies?
Wat is je favoriete genre in boeken of films?
(Vat is yuh fah-voh-ree-tuh zhon-ruh in boh-ken of films?)

492. Do you follow current events or politics?
Volg je de actualiteiten of politiek?
(Vohl yuh duh ak-too-ah-lee-tigh-ten of poh-lee-teek?)

493. Are you into fashion or design?
Heb je interesse in mode of design?
(Heb yuh in-teh-res-se in moh-duh of de-zine?)

494. Are you a history buff?
Ben je een geschiedenisliefhebber?
(Ben yuh un guh-skee-deh-nis-lee-fheb-ber?)

495. Have you ever been involved in volunteer work?
Heb je ooit vrijwilligerswerk gedaan?
(Heb yuh oyt vrey-vil-li-gurs-werk guh-dahn?)

496. Are you passionate about cooking or food culture?
Ben je gepassioneerd door koken of voedingscultuur?
(Ben yuh guh-pas-see-oh-neerd door koh-ken of foh-dings-kul-tuur?)

497. Are you an advocate for any specific hobbies or interests?
Ben je voorstander van bepaalde hobby's of interesses?
(Ben yuh voor-stahn-der van buh-pahl-duh hob-bees of in-teh-res-ses?)

> **Idiomatic Expression:** "Voor pampus liggen." - Meaning: "To be completely exhausted." (Literal translation: "To lie before Pampus.")

Making Plans

498. Would you like to grab a coffee sometime?
Wil je een keer koffie gaan drinken?
(Vil yuh un keer kof-fee gahn drin-ken?)

499. Let's plan a dinner outing this weekend.
     Laten we dit weekend uit eten gaan.
     (*Lah-ten vuh dit vee-kend owt eh-ten gahn.*)

500. How about going to a movie on Friday night?
     Zullen we vrijdagavond naar de film gaan?
     (*Zul-len vuh fry-dag-ah-vond nar duh film gahn?*)

501. Do you want to join us for a hike next weekend?
     Wil je volgend weekend met ons gaan wandelen?
     (*Vil yuh vol-gend vee-kend met ons gahn vahn-duh-len?*)

502. We should organize a game night soon.
     We moeten binnenkort een spelletjesavond organiseren.
     (*Vuh moh-ten bin-nun-kohrt un spul-uh-tyes-ah-vond
     or-gah-nee-suh-ren.*)

503. Let's catch up over lunch next week.
     Laten we volgende week bijpraten tijdens de lunch.
     (*Lah-ten vuh voll-gun-duh vek bye-prah-ten tee-dens duh lunsh.*)

504. Would you be interested in a shopping trip?
     Heb je interesse in een winkeluitje?
     (*Heb yuh in-teh-res-se in un vin-kul-owt-yuh?*)

505. I'm thinking of visiting the museum; care to join?
     Ik denk eraan om het museum te bezoeken; ga je mee?
     (*Ik denk eh-rahn ohm hut moo-zay-um tuh buh-zoh-ken; gah yuh
     may?*)

506.   How about a picnic in the park?
        Wat dacht je van een picknick in het park?
        (*Vat dahcht yuh van un pik-nik in het park?*)

        Fun Fact: Apart from painters, famous Dutch artists
        include the graphic artist M.C. Escher.

507.   Let's get together for a study session.
        Laten we samen komen voor een studiesessie.
        (*Lah-ten vuh sah-men koh-men voor un shtoo-dee-seh-see.*)

508.   We should plan a beach day this summer.
        We moeten een stranddag plannen deze zomer.
        (*Vuh moh-ten un strahnt-dahkh plahn-nen day-zuh zoh-mer.*)

509.   Want to come over for a barbecue at my place?
        Heb je zin in een barbecue bij mij thuis?
        (*Heb yuh zeen in un bar-buh-kew bay my toow-ss?*)

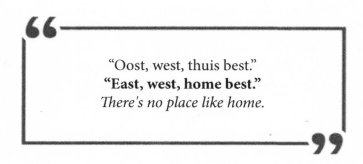

"Oost, west, thuis best."
"East, west, home best."
There's no place like home.

Interactive Challenge: Everyday Conversations
(Link each English word with their corresponding meaning in Dutch)

1) Conversation	Dialoog
2) Greeting	Smalltalk
3) Question	Uitwisseling van Meningen
4) Answer	Communicatie
5) Salutation	Toespraak
6) Communication	Begroeting
7) Dialogue	Gesprek
8) Small Talk	Ideeën Delen
9) Discussion	Informeel Gesprek
10) Speech	Taal
11) Language	Antwoord
12) Exchange of Opinions	Groet
13) Expression	Uitdrukking
14) Casual Conversation	Vraag
15) Sharing Ideas	Discussie

Correct Answers:

1. Conversation - Gesprek
2. Greeting - Begroeting
3. Question - Vraag
4. Answer - Antwoord
5. Salutation - Groet
6. Communication - Communicatie
7. Dialogue - Dialoog
8. Small Talk - Smalltalk
9. Discussion - Discussie
10. Speech - Toespraak
11. Language - Taal
12. Exchange of Opinions - Uitwisseling van Meningen
13. Expression - Uitdrukking
14. Casual Conversation - Informeel Gesprek
15. Sharing Ideas - Ideeën Delen

BUSINESS & WORK

- INTRODUCING YOURSELF IN A PROFESSIONAL SETTING -
- DISCUSSING WORK-RELATED TOPICS -
- NEGOTIATING BUSINESS DEALS OR CONTRACTS -

Professional Introductions

510. Hi, I'm [Your Name].
Hallo, ik ben [Je Naam].
(Hah-lo, ik ben [Yuh Nahm].)

511. What do you do for a living?
Wat doe je voor werk?
(Vat doh yuh voor verck?)

512. What's your role in the company?
Wat is je rol in het bedrijf?
(Vat is yuh rol in het buh-dreyf?)

513. Can you tell me about your background?
Kun je me iets vertellen over je achtergrond?
(Kun yuh muh eets ver-tell-un o-ver yuh ahkh-tur-grond?)

514. This is my colleague, [Colleague's Name].
Dit is mijn collega, [Naam van Collega].
(Dit is meyn koh-leh-gah, [Naam van Koh-leh-gah].)

515. May I introduce myself?
Mag ik mezelf voorstellen?
(Mahg ik muh-zelf voor-stell-un?)

516. I work in [Your Department].
Ik werk op [Je Afdeling].
(Ik verck op [Yuh Af-duh-ling].)

517. How long have you been with the company?
Hoe lang werk je al bij het bedrijf?
(Hoo lang verck yuh ahl bey het buh-dreyf?)

518. Are you familiar with our team?
Ben je bekend met ons team?
(*Ben yuh buh-kend met ons team?*)

519. Let me introduce you to our manager.
Laat me je voorstellen aan onze manager.
(*Laht muh yuh voor-stell-un ahn ohn-zuh mah-nah-gur.*)

> **Travel Story:** In the Frisian countryside, a local farmer described the serene landscape with "Waar de tijd stilstaat," meaning "Where time stands still."

Work Conversations

520. Can we discuss the project?
Kunnen we het project bespreken?
(*Kuhn-nun vuh het pro-yekt buh-sprey-kun?*)

521. Let's go over the details.
Laten we de details doornemen.
(*Lah-tun vuh duh duh-tails door-nuh-mun.*)

522. What's the agenda for the meeting?
Wat is de agenda voor de vergadering?
(*Vat is duh ah-jen-dah voor duh ver-gah-duh-ring?*)

523. I'd like your input on this.
Ik zou graag je mening over dit willen horen.
(*Ik zouw grahgh yuh meh-ning o-ver dit vil-lun hoh-run.*)

524. We need to address this issue.
   We moeten dit probleem aanpakken.
   (*Vuh moh-ten dit pro-blehm ahn-pak-ken.*)

525. How's the project progressing?
   Hoe vordert het project?
   (*Hoo for-dert het pro-yekt?*)

526. Do you have any updates for me?
   Heb je updates voor mij?
   (*Heb yuh up-deh-tes voor mey?*)

527. Let's brainstorm some ideas.
   Laten we samen brainstormen.
   (*Lah-ten vuh sah-men brain-stor-men.*)

528. Can we schedule a team meeting?
   Kunnen we een teamvergadering inplannen?
   (*Kuhn-nen vuh ayn team-ver-gah-deh-ring in-plan-nen?*)

529. I'm open to suggestions.
   Ik sta open voor suggesties.
   (*Ik sta oh-pen voor suhg-ges-tees.*)

Business Negotiations

530. We need to negotiate the terms.
   We moeten de voorwaarden onderhandelen.
   (*Vuh moh-ten duh voor-wahr-den on-der-han-deh-len.*)

531. What's your offer?
Wat is je aanbod?
(*Vat is yuh ahn-bod?*)

532. Can we find a middle ground?
Kunnen we een middenweg vinden?
(*Kuhn-nen vuh ayn mid-den-vegh vin-den?*)

> **Idiomatic Expression:** "Een blauwtje lopen." -
> Meaning: "To be rejected in love."
> (Literal translation: "To walk a little blue.")

533. Let's discuss the contract.
Laten we het contract bespreken.
(*Lah-ten vuh het kon-trakt buh-sprey-ken.*)

534. Are you flexible on the price?
Ben je flexibel wat betreft de prijs?
(*Ben yuh flek-see-bel vat buh-treft duh preys?*)

535. I'd like to propose a deal.
Ik wil een deal voorstellen.
(*Ik vil ayn deal voor-stell-un.*)

536. We're interested in your terms.
Wij zijn geïnteresseerd in jouw voorwaarden.
(*Vey zyn geh-in-teh-res-seerd in yow voor-wahr-den.*)

537. Can we talk about the agreement?
Kunnen we over de overeenkomst praten?
(*Kuhn-nen vuh oh-ver duh oh-ver-ayn-komst prah-ten?*)

> **Fun Fact:** New York was originally a Dutch colony
> named New Amsterdam.

538. Let's work out the details.
Laten we de details uitwerken.
(Lah-ten vuh duh deh-tails out-ver-ken.)

539. What are your conditions?
Wat zijn je voorwaarden?
(Vat zine yuh voor-wahr-den?)

540. We should reach a compromise.
We moeten tot een compromis komen.
(Vuh moh-ten tot ayn kom-pro-mis koh-men.)

> **Fun Fact:** The Netherlands has produced several Nobel Prize winners.

Workplace Etiquette

541. Remember to be punctual.
Onthoud om punctueel te zijn.
(On-thowt ohm punk-too-el tuh zine.)

542. Always maintain a professional demeanor.
Behoud altijd een professionele houding.
(Be-howd al-tite ayn pro-fes-see-oh-nel-uh how-ding.)

543. Respect your colleagues' personal space.
Respecteer de persoonlijke ruimte van je collega's.
(Reh-spek-teer duh per-soon-luk-kuh raim-tuh van yuh kol-eh-gahs.)

> **Fun Fact:** The Dutch coastline stretches over 450 km.

544.   Dress appropriately for the office.
Kleed je gepast voor kantoor.
(Klayt yuh guh-past voor kan-toor.)

545.   Follow company policies and guidelines.
Volg bedrijfsbeleid en richtlijnen.
(Volgh beh-dreifs-beh-lide en rihcht-lij-nen.)

546.   Use respectful language in conversations.
Gebruik respectvolle taal in gesprekken.
(Guh-broik reh-spekt-vol-luh taal in guh-sprehk-ken.)

547.   Keep your workspace organized.
Houd je werkplek georganiseerd.
(Howd yuh verk-plek guh-or-gan-ee-sayrd.)

548.   Be mindful of office noise levels.
Let op het geluidsniveau op kantoor.
(Let op hut guh-lowds-nee-vow op kan-toor.)

549.   Offer assistance when needed.
Bied hulp aan indien nodig.
(Beed hulp ahn in-deen noh-digh.)

550.   Practice good hygiene at work.
Handhaaf goede hygiëne op het werk.
(Hanh-hahf go-duh hü-gee-nuh op hut verk.)

551.   Avoid office gossip and rumors.
Vermijd kantoorroddels en geruchten.
(Ver-mydt kan-toor-roh-dels en guh-rukh-ten.)

Job Interviews

552.   Tell me about yourself.
       Vertel me over jezelf.
       (Ver-tel muh oh-ver yuh-zelf.)

553.   What are your strengths and weaknesses?
       Wat zijn je sterke en zwakke punten?
       (Vat zine yuh ster-kuh en zwak-kuh poon-ten?)

554.   Describe your relevant experience.
       Beschrijf je relevante ervaring.
       (Buh-shryf yuh reh-le-vahn-tuh er-vah-ring.)

555.   Why do you want to work here?
       Waarom wil je hier werken?
       (Vah-rohm vil yuh heer ver-ken?)

556.   Where do you see yourself in five years?
       Waar zie je jezelf over vijf jaar?
       (Vahr zee yuh yuh-zelf oh-ver vife yahr?)

557.   How do you handle challenges at work?
       Hoe ga je om met uitdagingen op het werk?
       (Hoo gah yuh ohm met out-dah-hin-gen op hut verk?)

558.   What interests you about this position?
       Wat interesseert je aan deze positie?
       (Vat in-teh-res-eert yuh ahn day-zuh poh-zee-tie?)

559. Can you provide an example of your teamwork?
Kun je een voorbeeld geven van je teamwork?
(Kun yuh ayn voor-beeld guh-ven van yuh team-verk?)

560. What motivates you in your career?
Wat motiveert je in je carrière?
(Vat mo-tee-veert yuh in yuh kah-ree-reh?)

561. Do you have any questions for us?
Heb je vragen voor ons?
(Heb yuh frah-gen voor ons?)

562. Thank you for considering me for the role.
Dank je voor het overwegen van mij voor deze rol.
(Dahnk yuh voor hut oh-ver-vee-gen van mei voor day-zuh rol.)

Office Communication

563. Send me an email about it.
Stuur me een e-mail hierover.
(Stuhr muh ayn e-mail heer-oh-ver.)

564. Let's schedule a conference call.
Laten we een telefonische vergadering plannen.
(Lah-ten vuh ayn tuh-leh-fohn-ee-schuh ver-gah-de-ring plah-nen.)

565. Could you clarify your message?
Kun je je bericht verduidelijken?
(Kun yuh yuh buh-richt ver-doo-duh-lee-ken?)

566. I'll forward the document to you.
   Ik zal het document naar jou doorsturen.
   (*Ik zal hut do-koo-ment nar yow door-s-tuh-ren.*)

567. Please reply to this message.
   Gelieve op dit bericht te reageren, alstublieft.
   (*Guh-lee-vuh op dit buh-richt tuh ray-ah-ger-en, ahl-stu-bleeft.*)

568. We should have a team meeting.
   We zouden een teamvergadering moeten houden.
   (*Vuh zow-den ayn team-ver-gah-duh-ring mow-ten how-den.*)

   Idiomatic Expression: "Een steekje los hebben." -
   Meaning: "To be a bit crazy."
   (Literal translation: "To have a little stitch loose.")

569. Check your inbox for updates.
   Controleer je inbox voor updates.
   (*Kon-troh-leer yuh in-boks fohr up-dah-tus.*)

570. I'll copy you on the correspondence.
   Ik zal je kopiëren op de correspondentie.
   (*Ik zal yuh koh-pee-er-en op duh kor-res-pon-den-see.*)

571. I'll send you the meeting agenda.
   Ik zal je de agenda van de vergadering sturen.
   (*Ik zal yuh duh ah-jen-dah van duh ver-gah-duh-ring stuh-ren.*)

572. Use the internal messaging system.
   Gebruik het interne berichtensysteem.
   (*Guh-brewk hut in-tur-nuh buh-rich-ten-sys-teem.*)

573.   Keep everyone in the loop.
       Houd iedereen op de hoogte.
       (*Howd ee-duh-reen op duh howg-tuh.*)

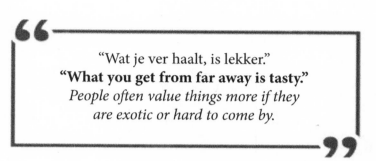

"Wat je ver haalt, is lekker."
"What you get from far away is tasty."
*People often value things more if they
are exotic or hard to come by.*

Cross Word Puzzle: Business & Work

(Provide the Dutch translation for the following English words)

Across

1. - PRODUCT
3. - EMPLOYEE
4. - SALARY
9. - CLIENTELE
10. - CLIENT
11. - PROJECT
12. - OFFICE
13. - TEAM

Down

1. - PROFESSIONAL
2. - BOSS
3. - WORK
5. - INCOME
6. - MARKETING
7. - BUSINESS
8. - CONTRACT

Correct Answers:

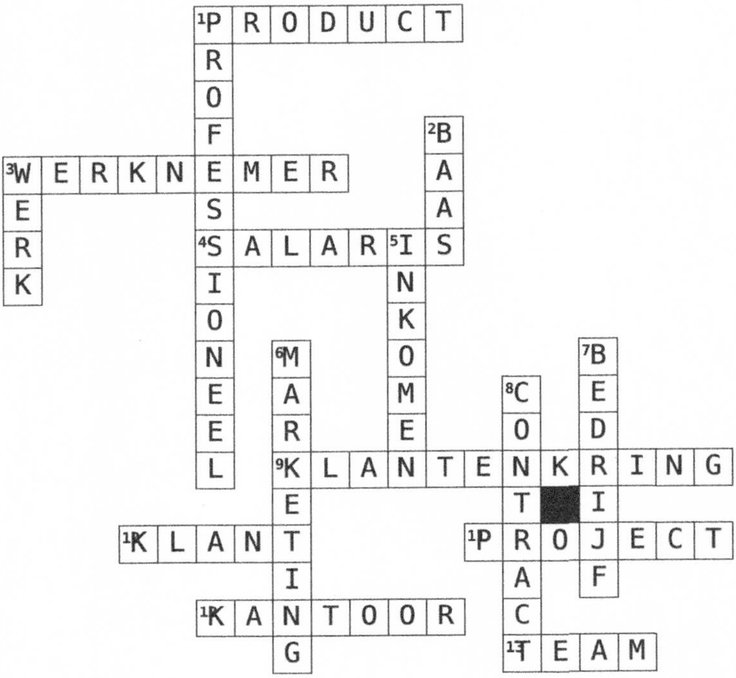
PRODUCT
PROFESSIONEEL
BAAS
WERKNEMER
WERK
SALARIS
INKOMEN
MARKETING
BEDRIJF
CONTRACT
KLANTENKRING
KLANT
PROJECT
KANTOOR
TEAM

EVENTS & ENTERTAINMENT

- BUYING TICKETS FOR CONCERTS, MOVIES OR EVENTS -
- DISCUSSING ENTERTAINMENT & LEISURE ACTIVITIES -
- EXPRESSING JOY OR DISAPPOINTMENT WITH AN EVENT -

Ticket Purchases

574. I'd like to buy two tickets for the concert.
Ik wil graag twee kaartjes voor het concert kopen.
(Ik vil grahg tveye kahr-tyus fohr hut kon-sert koh-pen.)

575. Can I get tickets for the movie tonight?
Kan ik kaartjes krijgen voor de film vanavond?
(Kahn ik kahr-tyus kray-gen fohr duh film vah-nah-vohnd?)

576. We need to book tickets for the upcoming event.
We moeten kaartjes boeken voor het aankomende evenement.
(Vuh mow-ten kahr-tyus bow-ken fohr hut ahn-koh-menduh eh-veh-neh-ment.)

577. What's the price of admission?
Wat is de toegangsprijs?
(Vat is duh tow-gahngs-priys?)

578. Do you offer any discounts for students?
Bieden jullie studentenkortingen aan?
(Bee-den yoo-lee stu-dent-en-kor-ting-en ahn?)

579. Are there any available seats for the matinee?
Zijn er nog beschikbare plaatsen voor de matinee?
(Zine er noh buh-sheek-bah-ruh plah-tsen fohr duh mah-tee-nay?)

580. How can I purchase tickets online?
Hoe kan ik online kaartjes kopen?
(Hoo kahn ik own-line kahr-tyus koh-pen?)

581.   Is there a box office nearby?
Is er een kaartverkooppunt in de buurt?
(*Is er un kahrt-fur-kohp-punt in duh buhrt?*)

582.   Are tickets refundable if I can't attend?
Zijn de kaartjes restitueerbaar als ik niet kan komen?
(*Zine duh kahr-tyus ruh-stee-too-air-bahr ahlz ik neet kahn koh-men?*)

583.   Can I choose my seats for the show?
Kan ik mijn zitplaatsen voor de voorstelling kiezen?
(*Kahn ik mine zit-plah-tsen fohr duh voor-stel-ling kee-zen?*)

584.   Can I reserve tickets for the theater?
Kan ik kaartjes reserveren voor het theater?
(*Kahn ik kahr-tyus ruh-ser-vur-en fohr hut tay-ah-tur?*)

585.   How early should I buy event tickets?
Hoe vroeg moet ik kaartjes kopen voor het evenement?
(*Hoo vrogh moot ik kahr-tyus koh-pen fohr hut eh-veh-neh-ment?*)

586.   Are there any VIP packages available?
Zijn er VIP-pakketten beschikbaar?
(*Zine er V.I.P. pahk-et-ten buh-sheek-bahr?*)

587.   What's the seating arrangement like?
Hoe ziet de zitplaatsindeling eruit?
(*Hoo zeet duh zit-plahts-in-duh-ling eh-ruit?*)

> **Idiomatic Expression:** "Op rozen zitten." -
> Meaning: "To be in a good position."
> (Literal translation: "To sit on roses.")

588. Is there a family discount for the movie?
Is er een gezinskorting voor de film?
(*Is er un geh-zins-kor-ting foor duh film?*)

589. I'd like to purchase tickets for my friends.
Ik wil graag kaartjes kopen voor mijn vrienden.
(*Ik vil grahg kahr-tyus koh-pen foor main freen-den.*)

> **Fun Fact:** Christiaan Huygens, a Dutch scientist, discovered Saturn's moon Titan.

590. Do they accept credit cards for tickets?
Accepteren ze creditcards voor kaartjes?
(*Ak-sep-teh-ren zeh kre-diht-kahrts foor kahr-tyus?*)

591. Are there any age restrictions for entry?
Zijn er leeftijdsbeperkingen voor toegang?
(*Zine er layf-tayds-buh-per-king-en foor tow-gahng?*)

592. Can I exchange my ticket for a different date?
Kan ik mijn kaartje ruilen voor een andere datum?
(*Kahn ik mine kahr-tyuh roo-ilen foor un ahn-druh dah-tum?*)

Leisure Activities

593. What do you feel like doing this weekend?
Wat wil je dit weekend doen?
(*Vat vil yuh dit vee-kent doon?*)

594.   Let's discuss our entertainment options.
Laten we onze entertainmentopties bespreken.
(Lah-ten vuh own-zuh en-ter-tayn-ment-op-teez buh-spree-ken.)

> **Fun Fact:** The Netherlands has a rich tradition of poetry and literature.

595.   I'm planning a leisurely hike on Saturday.
Ik ben van plan om zaterdag een ontspannende wandeling te maken.
(Ik ben van plahn ohm zah-tur-dahg un ont-span-nen-duh vahn-de-ling tuh mah-ken.)

596.   Do you enjoy outdoor activities like hiking?
Geniet je van buitenactiviteiten zoals wandelen?
(Guh-neet yuh van buy-ten-ak-tee-vi-ty-ten zoh-ahls vahn-duh-len?)

597.   Have you ever tried indoor rock climbing?
Heb je ooit binnenmuurklimmen geprobeerd?
(Heb yuh oy-eet bin-nen-muhr-klim-men guh-pro-beerd?)

598.   I'd like to explore some new hobbies.
Ik zou graag enkele nieuwe hobby's willen verkennen.
(Ik zow grahg en-kuh-luh niew-uh hob-bys vil-len ver-ken-nen.)

599.   What are your favorite pastimes?
Wat zijn je favoriete hobby's?
(Vat zine yuh fah-vo-ree-tuh hob-bys?)

> **Cultural Insight:** Large Dutch cities like Amsterdam and Rotterdam are culturally diverse, with a significant percentage of the population having a migrant background.

600. Are there any interesting events in town?
Zijn er interessante evenementen in de stad?
(*Zine er in-ter-es-san-teh eh-veh-ne-men-ten in duh shtad?*)

601. Let's check out the local art exhibition.
Laten we de lokale kunsttentoonstelling bekijken.
(*Lah-ten vuh duh loh-ka-leh koons-ten-toon-stel-ling beh-kigh-ken.*)

602. How about attending a cooking class?
Wat dacht je van een kookcursus?
(*Vat dahgt yuh van ayn kook-kur-sus?*)

603. Let's explore some new recreational activities.
Laten we enkele nieuwe recreatieve activiteiten verkennen.
(*Lah-ten vuh en-kuh-luh niew-uh reh-kree-ah-tee-vuh ak-tee-vi-tei-ten ver-ken-nen.*)

604. What's your go-to leisure pursuit?
Wat is je favoriete vrijetijdsbesteding?
(*Vat is yuh fah-vo-ree-tuh vree-tyts-behs-teh-ding?*)

605. I'm considering trying a new hobby.
Ik overweeg een nieuwe hobby te proberen.
(*Ik oh-ver-vayg ayn niew-uh hob-by tuh pro-beh-ren.*)

606. Have you ever attended a painting workshop?
Ben je ooit naar een schilderworkshop geweest?
(*Ben yuh oy-eet nahr ayn shil-der-wor-kshop geh-veyst?*)

> **Fun Fact:** The Dutch were significant maritime explorers and traders during the 16th and 17th centuries.

607. What's your favorite way to unwind?
Wat is je favoriete manier om te ontspannen?
(*Vat is yuh fah-vo-ree-tuh mah-neer om tuh ont-span-nen?*)

608. I'm interested in joining a local club.
Ik ben geïnteresseerd om lid te worden van een lokale club.
(*Ik ben geh-in-teh-res-seerd om lid tuh vohr-den van ayn loh-kuh-luh kloob.*)

609. Let's plan a day filled with leisure.
Laten we een dag vol vrije tijd plannen.
(*Lah-ten vuh ayn dahg voll vree-yuh tighd plahn-nen.*)

610. Have you ever been to a live comedy show?
Ben je ooit naar een live comedyshow geweest?
(*Ben yuh oy-eet nahr ayn lee-vuh kom-eh-dee-show geh-veyst?*)

611. I'd like to attend a cooking demonstration.
Ik zou graag een kookdemonstratie bijwonen.
(*Ik zow grahg ayn kook-deh-mon-strah-tee by-voh-nen.*)

> **Fun Fact:** 'Gezelligheid' is an untranslatable word that describes the warmth of being with loved ones.

Event Reactions

612. That concert was amazing! I loved it!
Dat concert was geweldig! Ik vond het geweldig!
(*Daht kon-sert vas geh-vel-dig! Ik vohnd het geh-vel-dig!*)

613.   I had such a great time at the movie.
Ik had het zo leuk bij de film.
(Ik had het zo leuk by de film.)

614.   The event exceeded my expectations.
Het evenement overtrof mijn verwachtingen.
(Het eh-veh-ne-ment oh-ver-trof mine ver-wahk-ting-en.)

615.   I was thrilled by the performance.
Ik was opgetogen over de voorstelling.
(Ik was op-geh-toh-gen oh-ver de voor-stel-ling.)

616.   It was an unforgettable experience.
Het was een onvergetelijke ervaring.
(Het was een on-ver-get-uh-ly-keh er-vah-ring.)

617.   I can't stop thinking about that show.
Ik kan niet stoppen met denken aan die show.
(Ik kan neet stop-pen met den-ken ahn dee show.)

618.   Unfortunately, the event was a letdown.
Helaas was het evenement een teleurstelling.
(He-lahs was het eh-veh-ne-ment een teh-leur-stel-ling.)

619.   I was disappointed with the movie.
Ik was teleurgesteld over de film.
(Ik was teh-leur-geh-steld oh-ver de film.)

620.   The concert didn't meet my expectations.
Het concert voldeed niet aan mijn verwachtingen.
(Het kon-sert vol-deed neet ahn mine ver-wahk-ting-en.)

621. I expected more from the exhibition.
Ik verwachtte meer van de tentoonstelling.
(*Ik ver-wahkt-teh meer van de ten-toon-stel-ling.*)

622. The event left me speechless; it was superb!
Het evenement liet me sprakeloos; het was geweldig!
(*Het eh-veh-ne-ment leet meh sprah-keh-loos; het was geh-vel-dig!*)

623. I was absolutely thrilled with the performance.
Ik was absoluut verrukt van de voorstelling.
(*Ik was ab-so-luut ver-rukt van de voor-stel-ling.*)

> **Idiomatic Expression:** "Zo sterk als een leeuw." -
> Meaning: "As strong as an ox."
> (Literally: "As strong as a lion.")

624. The movie was a pleasant surprise.
De film was een aangename verrassing.
(*De film was een ahn-guh-nah-meh ver-ras-sing.*)

625. I had such a blast at the exhibition.
Ik had het ontzettend leuk op de tentoonstelling.
(*Ik had het ont-zet-tend leuk op de ten-toon-stel-ling.*)

626. The concert was nothing short of fantastic.
Het concert was ronduit fantastisch.
(*Het kon-sert was ron-dowt fan-tahs-tis.*)

627. I'm still on cloud nine after the event.
Ik ben nog steeds in de zevende hemel na het evenement.
(*Ik ben nog steeds in de zev-en-duh hem-el nah het eh-veh-ne-ment.*)

628. I was quite underwhelmed by the show.
Ik was behoorlijk teleurgesteld door de show.
(*Ik vas beh-hor-lik teh-leur-geh-steld door deh show.*)

629. I expected more from the movie.
Ik verwachtte meer van de film.
(*Ik ver-wahkt-teh meer van deh film.*)

630. Unfortunately, the exhibition didn't impress me.
Helaas maakte de tentoonstelling geen indruk op mij.
(*Heh-lahs mahk-teh deh ten-toon-stel-ling gain in-druk op my.*)

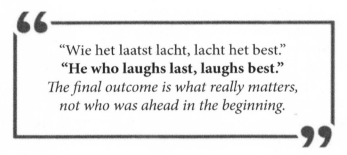

"Wie het laatst lacht, lacht het best."
"He who laughs last, laughs best."
*The final outcome is what really matters,
not who was ahead in the beginning.*

Mini Lesson:
Basic Grammar Principles in Dutch #2

Introduction:

Continuing our journey into the Dutch language, this second part of the series will delve into more advanced aspects of Dutch grammar. As you progress in your Dutch language skills, understanding these principles will enhance both your understanding and your ability to communicate effectively.

1. Sentence Structure:

Dutch typically follows a Subject-Verb-Object (SVO) structure in main clauses, similar to English. However, in subordinate clauses, the verb often moves to the end:

- *Ik eet ontbijt. (I eat breakfast.)*
- *Ik zei dat ik ontbijt eet. (I said that I eat breakfast.)*

2. Passive Voice:

The passive voice in Dutch is formed with the auxiliary verb "worden" (to become):

- *Het boek wordt door de student gelezen. (The book is read by the student.)*
- *Het huis werd in de 19e eeuw gebouwd. (The house was built in the 19th century.)*

3. Reflexive Verbs:

Reflexive verbs in Dutch use "zich" when the action of the verb is directed back at the subject:

- *Hij wast zich. (He washes himself.)*
- *Ze bereiden zich voor op het feest. (They prepare themselves for the party.)*

4. Modal Verbs:

Dutch has several modal verbs that express ability, permission, necessity, or desire. These include "kunnen" (can), "mogen" (may), "moeten" (must), and "willen" (want):

- *Ik kan zwemmen. (I can swim.)*
- *Je mag hier roken. (You may smoke here.)*

5. Compound Words:

Dutch is known for its compound words, where two or more words are combined to create a new term:

- *Zonnebril (sunglasses) - "zon" (sun) + "bril" (glasses)*
- *Tandpasta (toothpaste) - "tand" (tooth) + "pasta"*

6. Prepositions and Postpositions:

Prepositions in Dutch are used to express relations in time, place, and other abstract concepts:

- *Op de tafel (on the table)*
- *Voor het huis (in front of the house)*

7. Adjective Agreement:

Adjectives in Dutch agree with the noun they modify in gender and number, and they also have different forms when used in the definite and indefinite forms:

- *Een groot huis (a big house) - Indefinite*
- *Het grote huis (the big house) - Definite*

Conclusion:

Mastering these aspects of Dutch grammar will enable you to form more complex sentences and to understand and participate in more advanced conversations. Regular practice, exposure to Dutch media, and conversational practice are key to mastering these concepts. Veel succes! (Good luck!)

HEALTHCARE & MEDICAL NEEDS

- EXPLAINING SYMPTOMS TO A DOCTOR -
- REQUESTING MEDICAL ASSISTANCE -
- DISCUSSING MEDICATIONS AND TREATMENT -

Explaining Symptoms

631. I have a persistent headache.
Ik heb een aanhoudende hoofdpijn.
(*Ik heb een ahn-how-den-deh hof-d-pine.*)

632. My throat has been sore for a week.
Mijn keel doet al een week pijn.
(*Main keel doot al een wake pine.*)

633. I've been experiencing stomach pain and nausea.
Ik heb last van maagpijn en misselijkheid.
(*Ik heb last van mahg-pine en mis-se-lik-hide.*)

634. I have a high fever and chills.
Ik heb hoge koorts en koude rillingen.
(*Ik heb hoh-geh kor-ts en kow-deh ril-ling-en.*)

635. My back has been hurting for a few days.
Mijn rug doet al een paar dagen pijn.
(*Main rug doot al een paar dah-gen pine.*)

636. I'm coughing up yellow mucus.
Ik hoest geel slijm op.
(*Ik host heel sli-m op.*)

637. I have a rash on my arm.
Ik heb een uitslag op mijn arm.
(*Ik heb een out-slahg op main arm.*)

638. I feel dizzy and lightheaded.
Ik voel me duizelig en licht in mijn hoofd.
(*Ik fohl meh dow-zeh-lig en likht in main hofd.*)

639.   I've been having trouble breathing.
Ik heb ademhalingsproblemen.
(*Ik heb ah-dem-hah-lings-pro-ble-men.*)

> **Travel Story:** At the Maastricht Christmas market, a vendor selling oliebollen said "Oud en nieuw is niet compleet zonder dit," meaning "Old and New is not complete without this," referring to the traditional New Year's treat.

640.   My joints are swollen and painful.
Mijn gewrichten zijn gezwollen en pijnlijk.
(*Main geh-vrikh-ten zine geh-zwol-len en pine-lik.*)

641.   I've had diarrhea for two days.
Ik heb al twee dagen diarree.
(*Ik heb al tweh dah-gen dee-ah-reh.*)

642.   My eyes are red and itchy.
Mijn ogen zijn rood en jeukend.
(*Main oh-gen zine rohd en yook-end.*)

643.   I've been vomiting since last night.
Ik heb overgegeven sinds gisteravond.
(*Ik heb oh-ver-geh-geh-ven sinths ghiss-ter-ah-vond.*)

644.   I have a painful, persistent toothache.
Ik heb een pijnlijke, aanhoudende kiespijn.
(*Ik heb een pine-lij-keh, ahn-how-den-deh kees-pine.*)

645.   I'm experiencing fatigue and weakness.
Ik ervaar vermoeidheid en zwakte.
(*Ik er-fahr ver-moyd-hide en zwak-teh.*)

646. I've noticed blood in my urine.
Ik heb bloed in mijn urine opgemerkt.
(*Ik heb bloot in main oo-ree-neh op-geh-merkt.*)

647. My nose is congested, and I can't smell anything.
Mijn neus is verstopt, en ik kan niets ruiken.
(*Main noys is ver-stoppt, en ik kan niets roo-i-ken.*)

648. I have a cut that's not healing properly.
Ik heb een snijwond die niet goed geneest.
(*Ik heb een sney-wont dee neet goot geh-neest.*)

649. My ears have been hurting, and I can't hear well.
Mijn oren doen pijn, en ik hoor niet goed.
(*Main oh-ren doon pine, en ik hoor neet goot.*)

650. I think I might have a urinary tract infection.
Ik denk dat ik een urineweginfectie heb.
(*Ik denk dat ik een oo-ree-neh-weg-in-fek-tee-eh heb.*)

651. I've had trouble sleeping due to anxiety.
Ik heb slaapproblemen door angst.
(*Ik heb slaap-proh-ble-men door ahngst.*)

Requesting Medical Assistance

652. I need to see a doctor urgently.
Ik moet dringend een arts zien.
(*Ik moet drin-gend een arts zeen.*)

653.   Can you call an ambulance, please?
       Kun je alsjeblieft een ambulance bellen?
       (*Kun yeh ahl-she-bleeft een am-boo-lahn-seh bel-len?*)

654.   I require immediate medical attention.
       Ik heb onmiddellijke medische hulp nodig.
       (*Ik heb on-mid-del-ly-keh meh-dis-seh hulp noh-dig.*)

655.   Is there an available appointment today?
       Is er vandaag een afspraak beschikbaar?
       (*Is air van-daahg een af-sprahk be-shik-bahr?*)

656.   Please help me find a nearby clinic.
       Help me alsjeblieft een nabijgelegen kliniek te vinden.
       (*Help meh ahl-she-bleeft een nah-bye-geh-leh-gen klee-neek te vin-den.*)

657.   I think I'm having a medical emergency.
       Ik denk dat ik een medisch noodgeval heb.
       (*Ik denk dat ik een meh-disch nood-geh-val heb.*)

658.   Can you recommend a specialist?
       Kun je een specialist aanbevelen?
       (*Kun yeh een speh-see-ah-leest ahn-beh-veh-len?*)

       Idiomatic Expression: "Het ei van Columbus." -
       Meaning: "A simple yet ingenious solution."
       Literal translation: "The egg of Columbus."

659.   I'm in severe pain; can I see a doctor now?
       Ik heb hevige pijn; kan ik nu een arts zien?
       (*Ik heb hay-vih-geh pine; kan ik noo een arts zeen?*)

660. Is there a 24-hour pharmacy in the area?
Is er een 24-uurs apotheek in de omgeving?
(Is air un fijf-en-twintig oors ah-poh-teek in deh om-geh-ving?)

661. I need a prescription refill.
Ik heb een herhaalrecept nodig.
(Ik heb un hair-haal-reh-sept noh-dig.)

662. Can you guide me to the nearest hospital?
Kunt u mij naar het dichtstbijzijnde ziekenhuis leiden?
(Kunt uu may naar hut dixt-bee-zine-duh zee-ken-huys li-den?)

663. I've cut myself and need medical assistance.
Ik heb mezelf gesneden en heb medische hulp nodig.
(Ik heb muh-zelf guh-sneh-den en heb meh-dis-shuh hulp noh-dig.)

664. My child has a high fever; what should I do?
Mijn kind heeft hoge koorts; wat moet ik doen?
(Main kint heft hoh-guh koorts; wat moot ik doon?)

665. Is there a walk-in clinic nearby?
Is er een inloopkliniek in de buurt?
(Is air un in-loop-klee-neek in duh buurt?)

666. I need medical advice about my condition.
Ik heb medisch advies nodig over mijn toestand.
(Ik heb meh-dis shad-vies noh-dig oh-ver main too-stand.)

667. My medication has run out; I need a refill.
Mijn medicijnen zijn op; ik heb een navulling nodig.
(Main meh-di-see-nun zine op; ik heb un nah-voo-ling noh-dig.)

668. Can you direct me to an eye doctor?
Kunt u mij naar een oogarts verwijzen?
(Kunt uu may naar un ohg-arts fur-vizen?)

669. I've been bitten by a dog; I'm concerned.
Ik ben door een hond gebeten; ik maak me zorgen.
(Ik ben door un hond guh-bee-ten; ik maak muh zor-gun.)

670. Is there a dentist available for an emergency?
Is er een tandarts beschikbaar voor een noodgeval?
(Is air un tahn-darts buh-sheek-bar voor un nohd-guh-val?)

671. I think I might have food poisoning.
Ik denk dat ik voedselvergiftiging heb.
(Ik denk dat ik fohd-sul-ver-gif-ti-ging heb.)

672. Can you help me find a pediatrician for my child?
Kunt u mij helpen een kinderarts voor mijn kind te vinden?
(Kunt uu may hel-pun un kin-der-arts voor main kint tuh vin-den?)

> **Idiomatic Expression:** "Een olifantenhuid hebben." - Meaning: "To have thick skin."
> (Literal translation: "To have an elephant's skin.")

Discussing Medications and Treatments

673. What is this medication for?
   Waarvoor is dit medicijn bedoeld?
   (Vah-voor is dit meh-di-sein buh-doold?)

674. How often should I take this pill?
   Hoe vaak moet ik deze pil innemen?
   (Hoo vaak moot ik day-zuh pil in-nuh-men?)

675. Are there any potential side effects?
   Zijn er mogelijke bijwerkingen?
   (Zine air mo-geh-lij-kuh bee-ver-kin-gun?)

676. Can I take this medicine with food?
   Kan ik dit medicijn met voedsel innemen?
   (Kahn ik dit meh-di-sein met foh-dsel in-nuh-men?)

677. Should I avoid alcohol while on this medication?
   Moet ik alcohol vermijden tijdens deze medicatie?
   (Moot ik al-ko-hol ver-mei-dun tee-dens day-zuh meh-di-ka-tie?)

678. Is it safe to drive while taking this?
   Is het veilig om te rijden tijdens het innemen van dit medicijn?
   (Is hut vay-lig ohm tuh rye-dun tee-dens hut in-nuh-men van dit meh-di-sein?)

679. How long do I need to continue this treatment?
   Hoe lang moet ik deze behandeling voortzetten?
   (Hoo lahng moot ik day-zuh buh-hahn-duh-ling voor-tzet-ten?)

680. Can you explain the dosage instructions?
Kunt u de doseringsinstructies uitleggen?
(Kunt uu duh doh-se-rings-in-struk-tees owt-leh-gun?)

681. What should I do if I miss a dose?
Wat moet ik doen als ik een dosis mis?
(Vat moot ik doon aals ik un doh-sis mis?)

682. Are there any dietary restrictions?
Zijn er dieetbeperkingen?
(Zine air dee-et-buh-per-kin-gun?)

> **Fun Fact:** The Netherlands is known for its liberal policies on drugs, prostitution, and euthanasia.

683. Can I get a generic version of this medication?
Kan ik een generieke versie van dit medicijn krijgen?
(Kahn ik un zjeh-nee-ree-kuh ver-zie van dit meh-di-sein kray-gun?)

684. Is there a non-prescription alternative?
Is er een alternatief zonder recept?
(Is air un al-ter-na-tief zon-der reh-sept?)

685. How should I store this medication?
Hoe moet ik dit medicijn bewaren?
(Hoo moot ik dit meh-di-sein buh-vah-run?)

686. Can you show me how to use this inhaler?
Kunt u mij laten zien hoe ik deze inhalator gebruik?
(Kunt uu may laa-tun zeen hoo ik day-zuh in-hah-la-tor guh-broo-ik?)

687.   What's the expiry date of this medicine?
       Wat is de houdbaarheidsdatum van dit medicijn?
       (*Vat is duh howd-bahr-hides-dah-tum van dit meh-di-sein?*)

       Fun Fact: Amsterdam Stock Exchange is one of the
       world's oldest stock exchanges, established in 1602.

688.   Do I need to finish the entire course of antibiotics?
       Moet ik de hele antibioticakuur afmaken?
       (*Moot ik duh heh-luh an-tee-bee-oh-tee-kowr af-mah-ken?*)

689.   Can I cut these pills in half?
       Kan ik deze pillen doormidden snijden?
       (*Kahn ik day-zuh pil-lun door-mid-den snay-den?*)

690.   Is there an over-the-counter pain reliever you recommend?
       Beveelt u een vrij verkrijgbare pijnstiller aan?
       (*Buh-veelt uu un fry ver-kreyg-bah-ruh pyn-stil-ler ahn?*)

691.   Can I take this medication while pregnant?
       Kan ik dit medicijn innemen tijdens de zwangerschap?
       (*Kahn ik dit meh-di-sein in-nuh-men tee-dens duh
       zwahn-gur-shap?*)

692.   What should I do if I experience an allergic reaction?
       Wat moet ik doen als ik een allergische reactie krijg?
       (*Vat moot ik doon aals ik un ah-lur-gi-shuh ruh-ak-tee kreyg?*)

       Fun Fact: 'Lekker' is a Dutch term used to describe
       something tasty or nice.

693.　Can you provide more information about this treatment plan?
Kunt u meer informatie geven over dit behandelplan?
(*Kunt uu meer in-for-ma-tie guh-ven oh-ver dit
buh-han-del-plahn?*)

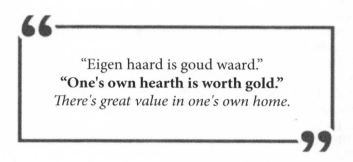

"Eigen haard is goud waard."
"One's own hearth is worth gold."
There's great value in one's own home.

Word Search Puzzle: Healthcare

HOSPITAL
ZIEKENHUIS
DOCTOR
DOKTER
MEDICINE
GENEESMIDDEL
PRESCRIPTION
RECEPT
APPOINTMENT
AFSPRAAK
SURGERY
CHIRURGIE
VACCINE
VACCIN
PHARMACY
APOTHEEK
ILLNESS
ZIEKTE
TREATMENT
BEHANDELING
DIAGNOSIS
DIAGNOSE
RECOVERY
HERSTEL
SYMPTOM
SYMPTOOM
IMMUNIZATION
IMMUNISATIE

```
D C E Z P Y M K P V N T D H I
M O W T D D E D E W Q X Q N M
D B K Z A W D S U E N M G R M
B H R T N L I J O T H E G Z U
Q D D S E T C S L N N T O U N
C O T F V R I X Y E G P O S I
I H P P I D N D E M A A A P S
M V I E E E E S T T P F I V A
M S Q R T C M Q K N F T P D T
U M Y K U I E A K I D N O J I
N T E Z D R A R Q O G O D O E
I I D D H R G I K P V D A O M
Z D E R P J N I M P E M F Y B
A L A S B Q C L E A Z C F Y E
T B F K Y C A M R A H P G R H
I A A M J W L T L P K I S E A
O W J B I E E E N R V I J V N
N I M E T K G B L A U Q B O D
H K B S Z W E R C H F W G C E
S U R G E R Y C N Y T H P E L
D E S W T W I E L I O V B R I
H A Y K X N K O A X M C V X N
F A J L D E W N T R T D A S G
F T Y L I N Y H I Z C Y C S I
S H G Z F S Y M P T O M C E V
N O I T P I R C S E R P I N J
Z H U F D O C T O R O T N L I
R Z T B W Y G I H N P F E L C
M S Z O T R E A T M E N T I P
U X S I S O N G A I D N B M G
```

Correct Answers:

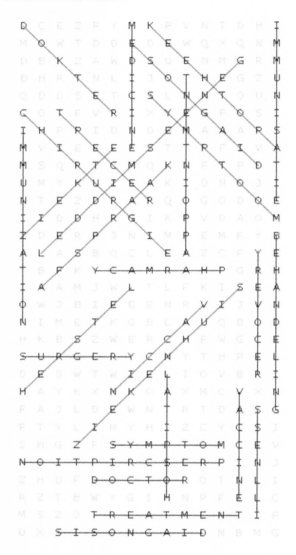

FAMILY & RELATIONSHIPS

-TALKING ABOUT FAMILY MEMBERS & RELATIONSHIPS -
- DISCUSSING PERSONAL LIFE & EXPERIENCES -
- EXPRESSING EMOTIONS & SENTIMENTS -

Family Members and Relationships

694. He's my younger brother.
      Hij is mijn jongere broer.
      (Hay is mine yon-guh-ruh broo-r.)

695. She's my cousin from my mother's side.
      Zij is mijn nicht van moeders kant.
      (Zay is mine neekt vahn moo-ders kahnt.)

696. My grandparents have been married for 50 years.
      Mijn grootouders zijn 50 jaar getrouwd.
      (Main khroat-ow-duhrs zine vijf-tig yar guh-trowwd.)

697. We're like sisters from another mister.
      We zijn als zussen van een andere vader.
      (Vuh zine aals zuss-un vahn ayn ahn-dereh fah-der.)

698. He's my husband's best friend.
      Hij is de beste vriend van mijn man.
      (Hay is duh bes-tuh freend vahn mine mahn.)

699. She's my niece on my father's side.
      Zij is mijn nicht van vaders kant.
      (Zay is mine neekt vahn fah-ders kahnt.)

700. They are my in-laws.
      Zij zijn mijn schoonouders.
      (Zay zine mine skhoon-ow-duhrs.)

> **Fun Fact:** The Netherlands hosts various international cycling events.

701. Our family is quite close-knit.
Onze familie is erg hecht.
(*On-zuh fah-mee-lee is erg hekt.*)

702. He's my adopted son.
Hij is mijn geadopteerde zoon.
(*Hay is mine guh-ah-dop-teer-duh zohn.*)

703. She's my half-sister.
Zij is mijn halfzus.
(*Zay is mine half-zus.*)

> **Travel Story:** In the Madurodam miniature park, a child excitedly said "Het is een kleine wereld," meaning "It's a small world," marveling at the miniaturized cities.

704. My parents are divorced.
Mijn ouders zijn gescheiden.
(*Main ow-duhrs zine guh-sky-duhn.*)

705. He's my fiancé.
Hij is mijn verloofde.
(*Hay is mine ver-loof-duh.*)

706. She's my daughter-in-law.
Zij is mijn schoondochter.
(*Zay is mine skhoon-dohk-tur.*)

> **Idiomatic Expression:** "Een hart onder de riem steken."
> - Meaning: "To encourage someone."
> (Literal translation: "To stick a heart under the belt.")

707.   We're childhood friends.
       We zijn jeugdvrienden.
       (*Vay zine yowkh-freen-den.*)

708.   My twin brother and I are very close.
       Mijn tweelingbroer en ik zijn erg hecht.
       (*Main tvey-ling-broor en ik zine erg hekht.*)

709.   He's my godfather.
       Hij is mijn peetvader.
       (*Hay is mine payt-fah-der.*)

            Fun Fact: 'Doe Maar Gewoon' is a Dutch saying
            meaning "Just act normal, that's crazy enough."

710.   She's my stepsister.
       Zij is mijn stiefzus.
       (*Zay is mine steef-zus.*)

711.   My aunt is a world traveler.
       Mijn tante is een wereldreiziger.
       (*Main tan-tuh is ain vair-eld-ray-zi-gher.*)

712.   We're distant relatives.
       Wij zijn verre familieleden.
       (*Vay zine vair-ruh fah-mee-lee-leh-den.*)

713.   He's my brother-in-law.
       Hij is mijn zwager.
       (*Hay is mine zwah-gher.*)

714.   She's my ex-girlfriend.
       Zij is mijn ex-vriendin.
       (*Zay is mine eks-free-en-din.*)

Personal Life and Experiences

715. I've traveled to over 20 countries.
Ik heb in meer dan 20 landen gereisd.
(Ik heb in mair dahn tveen-teeg lan-den gur-ice-d.)

716. She's an avid hiker and backpacker.
Zij is een fervente wandelaar en rugzakreiziger.
(Zay is ain fer-ven-tuh vahn-duh-lahr en rug-zahk-ray-zi-gher.)

717. I enjoy cooking and trying new recipes.
Ik geniet van koken en het proberen van nieuwe recepten.
(Ik guh-neet vahn koh-ken en hut proh-ber-en vahn nyoo-wuh ruh-sep-ten.)

718. He's a professional photographer.
Hij is een professionele fotograaf.
(Hay is ain proh-fess-ee-oh-nay-luh foh-toh-grahf.)

719. I'm passionate about environmental conservation.
Ik ben gepassioneerd over milieubescherming.
(Ik ben guh-pah-see-oh-neerd oh-ver mee-lee-buh-sher-ming.)

720. She's a proud dog owner.
Zij is een trotse hondeneigenaar.
(Zay is ain tro-tzuh hohn-duh-nay-gen-ar.)

721. I love attending live music concerts.
Ik hou ervan om naar live muziekconcerten te gaan.
(Ik how er-vahn ohm nahr lie-vuh moo-zeek-kon-ser-ten tuh gaan.)

722. He's an entrepreneur running his own business.
Hij is een ondernemer die zijn eigen bedrijf runt.
(Hay is ain on-der-nay-mer dee zine ay-guhn buh-dreef runt.)

723. I've completed a marathon.
Ik heb een marathon voltooid.
(Ik heb ain mah-rah-ton vol-toid.)

724. She's a dedicated volunteer at a local shelter.
Zij is een toegewijde vrijwilliger bij een lokale opvang.
(Zay is ain too-guh-vay-duh fry-vil-li-ghur bee ain low-kah-luh op-vang.)

725. I'm a history buff.
Ik ben een geschiedenisliefhebber.
(Ik ben ain ghe-skee-deh-nis-lee-feh-bur.)

726. He's a bookworm and a literature lover.
Hij is een boekenwurm en een literatuurliefhebber.
(Hay is ain boo-ken-wurm en ain lee-teh-rah-toor-lee-feh-bur.)

727. I've recently taken up painting.
Ik ben onlangs begonnen met schilderen.
(Ik ben on-langs buh-gon-nuhn met sghil-duh-ren.)

728. She's a film enthusiast.
Zij is een filmliefhebber.
(Zay is ain film-lee-feh-bur.)

729. I enjoy gardening in my free time.
Ik geniet van tuinieren in mijn vrije tijd.
(Ik guh-niet van too-nee-ruhn in main vree-uh teyt.)

730. He's an astronomy enthusiast.
Hij is een astronomieliefhebber.
(*Hay is ain ah-struh-no-mee-lee-feh-bur.*)

731. I've skydived twice.
Ik heb twee keer geskydived.
(*Ik heb tway kair ghe-sky-dai-vuhd.*)

732. She's a fitness trainer.
Zij is een fitnessinstructeur.
(*Zay is ain fit-nis-in-struk-tur.*)

733. I love collecting vintage records.
Ik houd van het verzamelen van vintage platen.
(*Ik howd van hut fur-zah-muh-luhn van vin-tah-ghuh plah-tuhn.*)

734. He's an experienced scuba diver.
Hij is een ervaren duiker.
(*Hay is ain ur-vah-run duy-kur.*)

735. I'm a proud parent of three children.
Ik ben een trotse ouder van drie kinderen.
(*Ik ben ain tro-tseh ow-dur van dree kin-duh-run.*)

> **Fun Fact:** 'Hollandse Nieuwe' is a traditional Dutch way of eating raw herring.

Expressing Emotions and Sentiments

736. I feel overjoyed on my birthday.
Ik ben heel blij op mijn verjaardag.
(*Ik ben heel bly op main fur-yar-dahg.*)

737. She's going through a tough time right now.
Ze maakt momenteel een moeilijke tijd door.
(*Zuh maakt moh-men-tayl ain moy-lee-kuh teyt door.*)

738. I'm thrilled about my upcoming vacation.
Ik ben ontzettend opgewonden over mijn aanstaande vakantie.
(*Ik ben on-tset-tend op-ge-won-den oh-ver main ahn-stahn-duh vah-kahn-tee.*)

739. He's heartbroken after the breakup.
Hij is gebroken na de breuk.
(*Hay is guh-broh-kun nah duh broik.*)

> **Idiomatic Expression:** "De koe bij de horens vatten." - Meaning: "To take the bull by the horns."
> (Literal translation: "To grab the cow by the horns.")

740. I'm absolutely ecstatic about the news.
Ik ben absoluut extatisch over het nieuws.
(*Ik ben ab-so-luut ex-tah-tish oh-ver hut nee-uws.*)

741. She's feeling anxious before the big presentation.
Zij voelt zich angstig voor de grote presentatie.
(*Zay vo-elt zich ang-stig voor duh gro-tuh pre-sen-tah-tsee.*)

742. I'm proud of my team's achievements.
Ik ben trots op de prestaties van mijn team.
(*Ik ben trots op duh pre-stah-ts-ee-es vahn main team.*)

743. He's devastated by the loss.
Hij is verwoest door het verlies.
(*Hay is ver-woh-st door hut ver-lees.*)

744. I'm grateful for the support I received.
Ik ben dankbaar voor de ondersteuning die ik heb ontvangen.
(Ik ben dang-kbar voor duh on-der-stu-ning dee ik heb on-tvan-gen.)

745. She's experiencing a mix of emotions.
Zij ervaart een mix van emoties.
(Zay er-vaart ain mix vahn ee-mo-t-ee-es.)

746. I'm content with where I am in life.
Ik ben tevreden met waar ik in het leven sta.
(Ik ben tuh-vray-dun met waar ik in hut lay-ven sta.)

747. He's overwhelmed by the workload.
Hij is overweldigd door de werklast.
(Hay is oh-ver-wel-duhld door duh werk-last.)

748. I'm in awe of the natural beauty here.
Ik ben onder de indruk van de natuurlijke schoonheid hier.
(Ik ben on-der duh in-druk vahn duh nah-tuur-lee-kuh skhoon-hide heer.)

> **Language Learning Tip:** Change Device Language - Switch your phone or computer to Dutch for immersion.

749. She's relieved the exams are finally over.
Zij is opgelucht dat de examens eindelijk voorbij zijn.
(Zay is op-guh-lucht dat duh ex-ah-muns ine-de-lik voor-by zine.)

750. I'm excited about the new job opportunity.
Ik ben enthousiast over de nieuwe baanmogelijkheid.
(Ik ben en-too-see-ast oh-ver duh nee-uwe bahn-mo-guh-leek-hide.)

Travel Story: In a Haarlem flower shop, the florist described their array of flowers as "Een explosie van kleuren," meaning "An explosion of colors."

751. I'm nostalgic about my childhood.
Ik ben nostalgisch over mijn kindertijd.
(Ik ben nos-tal-gish oh-ver main kin-der-teyt.)

752. She's confused about her future.
Zij is verward over haar toekomst.
(Zay is ver-vahrd oh-ver haar toe-komst.)

753. I'm touched by the kindness of strangers.
Ik ben geraakt door de vriendelijkheid van vreemden.
(Ik ben guh-raakt door duh vreen-duh-lyk-hide van vraym-den.)

754. He's envious of his friend's success.
Hij is jaloers op het succes van zijn vriend.
(Hay is yah-luhrs op hut suk-ses van zine freend.)

755. I'm hopeful for a better tomorrow.
Ik heb hoop op een betere morgen.
(Ik heb hoop op ayn buh-tuh-ruh mohr-gun.)

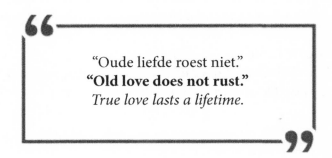

"Oude liefde roest niet."
"Old love does not rust."
True love lasts a lifetime.

Interactive Challenge: Family & Relationships
(Link each English word with their corresponding meaning in Dutch)

1) Family	Familieleden
2) Parents	Broers en zussen
3) Siblings	Kinderen
4) Children	Liefde
5) Grandparents	Echtgenoot/echtgenote
6) Spouse	Neven en nichten
7) Marriage	Ouders
8) Love	Vriendschap
9) Friendship	Grootouders
10) Relatives	Familie
11) In-laws	Nicht
12) Divorce	Adoptie
13) Adoption	Huwelijk
14) Cousins	Schoonfamilie
15) Niece	Scheiding

Correct Answers:

1. Family - Familie
2. Parents - Ouders
3. Siblings - Broers en zussen
4. Children - Kinderen
5. Grandparents - Grootouders
6. Spouse - Echtgenoot/echtgenote
7. Marriage - Huwelijk
8. Love - Liefde
9. Friendship - Vriendschap
10. Relatives - Familieleden
11. In-laws - Schoonfamilie
12. Divorce - Scheiding
13. Adoption - Adoptie
14. Cousins - Neven en nichten
15. Niece - Nicht

TECHNOLOGY & COMMUNICATION

- USING TECHNOLOGY-RELATED PHRASES -
- INTERNET ACCESS AND COMMUNICATION TOOLS -
- TROUBLESHOOTING TECHNICAL ISSUES -

Using Technology

756.   I use my smartphone for various tasks.
Ik gebruik mijn smartphone voor verschillende taken.
(Ik guh-broo-ik main smahrt-fohn fohr fur-schil-en-duh tah-ken.)

757.   The computer is an essential tool in my work.
De computer is een essentieel gereedschap in mijn werk.
(Duh kohm-pyoo-tur is ayn ess-en-tee-el guh-reed-schap in main ver-k.)

758.   I'm learning how to code and develop software.
Ik leer programmeren en software ontwikkelen.
(Ik layr proh-gram-mer-en en sof-ware on-twik-keh-len.)

759.   My tablet helps me stay organized.
Mijn tablet helpt me georganiseerd te blijven.
(Main tah-blet helpt meh guh-or-gan-ee-seerd tuh bly-ven.)

760.   I enjoy exploring new apps and software.
Ik geniet van het verkennen van nieuwe apps en software.
(Ik guh-nee-t vahn het fur-ken-nen vahn nyoo-weh apps en sof-ware.)

> **Fun Fact:** The Dutch Flag is one of the oldest tricolor flags.

761.   Smartwatches are becoming more popular.
Slimme horloges worden steeds populairder.
(Slim-muh hor-lo-ges wor-den steeds po-pu-lair-der.)

762. Virtual reality technology is fascinating.
Virtuele realiteitstechnologie is fascinerend.
(*Vir-tu-eh-leh reh-ah-li-teits-tek-no-lo-gie is fas-si-ne-rend.*)

763. Artificial intelligence is changing industries.
Kunstmatige intelligentie verandert industrieën.
(*Kunst-mah-ti-guh in-tel-li-gen-tee vur-an-dert in-dus-trie-en.*)

764. I like to customize my gadgets.
Ik pas graag mijn gadgets aan.
(*Ik pahs grahg main gad-gets aan.*)

765. E-books have replaced physical books for me.
E-books hebben voor mij fysieke boeken vervangen.
(*E-books heh-ben fohr mai fys-ee-kuh boo-ken vur-vahn-gen.*)

766. Social media platforms connect people worldwide.
Sociale media platforms verbinden mensen wereldwijd.
(*So-see-ah-luh mee-dia plah-tforms vur-bin-den men-sen ver-eld-wyd.*)

767. I'm a fan of wearable technology.
Ik ben een fan van draagbare technologie.
(*Ik ben ayn fahn vahn draah-gah-buh tek-no-lo-gie.*)

768. The latest gadgets always catch my eye.
De nieuwste gadgets trekken altijd mijn aandacht.
(*Duh nyoo-wstuh gad-gets trek-ken al-tayt main aan-dahkt.*)

769. My digital camera captures high-quality photos.
Mijn digitale camera maakt foto's van hoge kwaliteit.
(Main dee-gie-tah-leh kah-meh-rah maakt fo-tos vahn ho-geh kwah-li-teit.)

770. Home automation simplifies daily tasks.
Huisautomatisering vereenvoudigt dagelijkse taken.
(Huy-sow-toh-mah-ti-se-ring vuh-reen-vow-digt dahg-uh-lyk-suh tah-ken.)

771. I'm into 3D printing as a hobby.
Ik houd van 3D-printen als hobby.
(Ik howd vahn dree-dee prin-ten ahs hob-bee.)

772. Streaming services have revolutionized entertainment.
Streamingdiensten hebben het entertainment gerevolutioneerd.
(Stream-ing-deen-sten heh-ben het en-ter-tain-ment guh-re-voh-loo-si-oh-neerd.)

773. The Internet of Things (IoT) is expanding.
Het internet der dingen (IoT) breidt uit.
(Het in-ter-net dehr din-gen (IoT) braydt owt.)

774. I'm into gaming, both console and PC.
Ik ben geïnteresseerd in gamen, zowel op de console als op de PC.
(Ik ben gay-in-teh-res-seerd in gah-men, zow-vel op deh kon-so-le ahs op deh pee-cee.)

775. Wireless headphones make life more convenient.
Draadloze hoofdtelefoons maken het leven handiger.
(Drahd-loh-zuh hofd-teh-leh-foons mah-ken het leh-ven hahn-di-gher.)

776. Cloud storage is essential for my work.
Cloudopslag is essentieel voor mijn werk.
(Cloud-op-slahg is ess-en-tee-el vohr main ver-k.)

> **Travel Story:** On the beaches of Zeeland, a local used "Als een vis in het water," meaning "Like a fish in the water," to describe feeling at home by the sea.

Internet Access and Communication Tools

777. I rely on high-speed internet for work.
Ik vertrouw op snel internet voor mijn werk.
(Ik ver-trow op snel in-ter-net vohr main ver-k.)

778. Video conferencing is crucial for remote meetings.
Videoconferenties zijn cruciaal voor virtuele vergaderingen.
(Vee-dee-oh-con-feh-ren-tees zyn kroo-shee-aal vohr ver-tu-eh-leh ver-gah-deh-rin-gen.)

779. Social media helps me stay connected with friends.
Sociale media helpen me in contact te blijven met vrienden.
(So-see-ah-leh me-di-ah hel-pen me in kon-takt tuh bly-ven met vree-en-den.)

780. Email is my primary mode of communication.
E-mail is mijn voornaamste communicatiemiddel.
(E-mail is main voor-nahm-stuh koh-mu-ni-ka-tee-mid-del.)

781. I use messaging apps to chat with family.
Ik gebruik berichtenapps om met mijn familie te chatten.
(*Ik guh-bruyk beh-rich-ten-aps ohm met main fah-mi-lee tuh khat-ten.*)

782. Voice and video calls keep me in touch with loved ones.
Spraak- en videogesprekken houden mij in contact met geliefden.
(*Sprahk- en vee-dee-oh-guh-sprehk-ken how-den my in kon-takt met guh-leev-den.*)

783. Online forums are a great source of information.
Online forums zijn een geweldige bron van informatie.
(*On-line foh-rums zyn un guh-vel-di-guh bron van in-for-mah-tee.*)

784. I trust encrypted messaging services for privacy.
Ik vertrouw op versleutelde berichtendiensten voor privacy.
(*Ik ver-trow op ver-sloy-tel-duh beh-rich-ten-deen-sten voor prih-vah-see.*)

785. Webinars are a valuable resource for learning.
Webinars zijn een waardevolle bron voor leren.
(*Veb-in-ars zyn un waar-duh-vol-luh bron voor lear-ren.*)

> **Idiomatic Expression:** "In hetzelfde schuitje zitten." - Meaning: "To be in the same boat."
> (Literal translation: "To be in the same boat.")

786. VPNs enhance online security and privacy.
VPN's verbeteren de online veiligheid en privacy.
(*Vee-Pee-En's ver-bay-ter-ren duh on-line vay-lig-hyd en prih-vah-see.*)

787. Cloud-based collaboration tools are essential for teamwork.
Cloud-gebaseerde samenwerkingstools zijn essentieel voor teamwork.
(Cloud-ghuh-bah-seer-duh sah-men-ver-king-stools zyn es-sen-tee-el voor team-werk.)

788. I prefer using a wireless router at home.
Ik geef de voorkeur aan het gebruik van een draadloze router thuis.
(Ik geef duh voor-kuhr aan het guh-bruyk van un drahd-lo-zuh row-ter tuy-s.)

789. Online banking simplifies financial transactions.
Online bankieren vereenvoudigt financiële transacties.
(On-line ban-kee-ren ver-een-vow-digt fee-nan-see-eh-leh trahn-zak-tees.)

Fun Fact: The tallest wooden windmill is located in Schiedam, Netherlands.

790. VoIP services are cost-effective for international calls.
VoIP-diensten zijn kosteneffectief voor internationale gesprekken.
(Vo-ee-Pee-deen-sten zyn kos-tun-ef-fek-teef voor in-ter-nah-see-oh-na-leh guh-sprehk-ken.)

791. I enjoy online shopping for convenience.
Ik geniet van online winkelen vanwege het gemak.
(Ik guh-neet van on-line win-ke-len van-wee-guh het guh-mahk.)

792. Social networking sites connect people globally.
Sociale netwerksites verbinden mensen wereldwijd.
(So-see-ah-leh net-werk-sites ver-bin-den men-sen ver-eld-wyd.)

793. E-commerce platforms offer a wide variety of products.
E-commerceplatforms bieden een breed scala aan producten.
(Ee-com-mer-se-plat-forms bee-den un brayd skah-lah ahn pro-duk-ten.)

> **Idiomatic Expression:** "Het hart op de tong hebben." - Meaning: "To wear one's heart on one's sleeve." (Literal translation: "To have the heart on the tongue.")

794. Mobile banking apps make managing finances easy.
Mobiele bank-apps maken het beheren van financiën gemakkelijk.
(Moh-bee-luh bank-aps mah-ken hut buh-he-ren van fee-nan-see-ën guh-mahk-kuh-luk.)

795. I'm active on professional networking sites.
Ik ben actief op professionele netwerksites.
(Ik ben ak-teef op pro-fes-si-o-ne-luh net-werk-sites.)

796. Virtual private networks protect my online identity.
Virtuele privénetwerken beschermen mijn online identiteit.
(Vir-tu-eh-luh pree-vay-net-wer-ken buh-sher-men myn on-line i-den-ti-tayt.)

797. Instant messaging apps are great for quick chats.
Instant messaging-apps zijn geweldig voor snelle chats.
(In-stunt mes-suh-jing-aps zyn guh-vel-dig voor snel-uh chats.)

> **Cultural Insight:** The Dutch generally have a pragmatic and liberal attitude toward controversial issues, focusing on practical and effective solutions.

Troubleshooting Technical Issues

798. My computer is running slow; I need to fix it.
Mijn computer werkt traag; ik moet het repareren.
(Myn kom-pu-ter werkt traag; ik moot hut ruh-pah-re-ren.)

799. I'm experiencing network connectivity problems.
Ik ondervind problemen met netwerkconnectiviteit.
(Ik on-der-vind pro-blem-un met net-werk-kon-nek-ti-vi-tayt.)

800. The printer isn't responding to my print commands.
De printer reageert niet op mijn printopdrachten.
(Duh prin-ter ruh-ah-geert neet op myn print-op-drach-ten.)

> **Fun Fact:** 'Fiets' is the Dutch word for bicycle, a vital part of everyday life in the Netherlands.

801. My smartphone keeps freezing; it's frustrating.
Mijn smartphone loopt steeds vast; het is frustrerend.
(Myn smahrt-fohn lopt stayds fast; hut is frus-truh-rend.)

802. The Wi-Fi signal in my house is weak.
Het Wi-Fi-signaal in mijn huis is zwak.
(Hut Vee-Fee-see-naal in myn huys is swak.)

803. I can't access certain websites; it's a concern.
Ik kan bepaalde websites niet bezoeken; het baart me zorgen.
(Ik kan buh-paal-duh web-sites neet buh-zoe-ken; hut baart muh zor-gen.)

804. My laptop battery drains quickly; I need a solution.
De batterij van mijn laptop loopt snel leeg; ik heb een oplossing nodig.
(Duh bat-uh-ray van myn lap-top lopt snel layg; ik heb un op-los-sing no-dig.)

805. There's a software update available for my device.
Er is een software-update beschikbaar voor mijn apparaat.
(Air is un soft-vare up-date buh-sheek-bar voor myn ah-pah-raht.)

806. My email account got locked; I need to recover it.
Mijn e-mailaccount is vergrendeld; ik moet het herstellen.
(Myn e-mail ah-kownt is fer-gren-deld; ik moot hut hair-stel-len.)

> **Fun Fact:** Bitterballen is a popular Dutch bar snack, typically served with mustard.

807. The screen on my tablet is cracked; I'm upset.
Het scherm van mijn tablet is gebarsten; ik ben van streek.
(Het skerm van myn tab-let is guh-bar-sten; ik ben van strayk.)

808. My webcam isn't working during video calls.
Mijn webcam werkt niet tijdens videogesprekken.
(Myn web-cam werkt neet tee-dens vee-dee-oh-gus-prek-ken.)

809. My phone's storage is almost full; I need to clear it.
Het geheugen van mijn telefoon is bijna vol; ik moet het vrijmaken.
(Het guh-huh-gen van myn tuh-leh-foon is bee-nah vol; ik moot hut vry-mah-ken.)

810.   I accidentally deleted important files; I need help.
        **Ik heb per ongeluk belangrijke bestanden verwijderd; ik heb
        hulp nodig.**
        *(Ik heb pur on-guh-luk buh-lang-ry-kuh buh-stan-den ver-wy-
        derd; ik heb hulp no-dig.)*

> **Fun Fact:** 'Dutch Courage' is a term used in English for
> bravery induced by alcohol, supposedly referring to the
> Dutch.

811.   My smart home devices are not responding.
        Mijn slimme huishoudelijke apparaten reageren niet.
        *(Myn slim-muh huysh-ow-duh-ly-kuh ah-pah-rah-ten ree-a-gher-
        un neet.)*

812.   The GPS on my navigation app is inaccurate.
        De GPS op mijn navigatie-app is onnauwkeurig.
        (Duh Gee-Pee-Ess op myn na-vi-gah-tee-app is on-now-kur-ig.)

813.   My antivirus software detected a threat; I'm worried.
        **Mijn antivirussoftware heeft een dreiging gedetecteerd; ik
        maak me zorgen.**
        *(Myn an-tee-vie-rus-soft-vare heft un dray-ging guh-de-tek-teer-d;
        ik maak muh zor-gen.)*

814.   The touchscreen on my device is unresponsive.
        Het touchscreen op mijn apparaat reageert niet.
        (Het toe-skreen op myn ah-pah-raht ree-a-ghert neet.)

815.   My gaming console is displaying error messages.
        Mijn spelconsole geeft foutmeldingen weer.
        (Myn spel-kon-so-luh geft fout-mel-ding-un weer.)

816.   I'm locked out of my social media account.
       Ik ben buitengesloten van mijn social media-account.
       (*Ik ben buy-ten-guh-slo-ten van myn so-shee-al mee-dee-ah
       ah-kownt.*)

817.   The sound on my computer is distorted.
       Het geluid op mijn computer is vervormd.
       (*Het guh-lout op myn kom-puu-ter is ver-vormd.*)

818.   My email attachments won't open; it's frustrating.
       Mijn e-mailbijlagen openen niet; het is frustrerend.
       (*Myn e-mail-bye-lah-gun oh-puh-nen neet; het is froos-treh-rend.*)

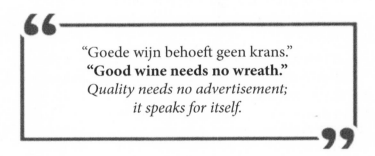

"Goede wijn behoeft geen krans."
"Good wine needs no wreath."
*Quality needs no advertisement;
it speaks for itself.*

Cross Word Puzzle: Technology & Communication
(Provide the English translation for the following Dutch words)

Down

1. - TOETSENBORD
2. - BROWSER
3. - COMPUTER
5. - INTERNET
7. - OPLADER
9. - GEGEVENS
10. - WEBCAM
12. - APPLICATIES
14. - SCHERM

Across

4. - CRYPTOLOGIE
6. - PRINTER
8. - OPLADER
11. - INGANG
13. - ACCU
15. - WOLK
16. - ROUTER
17. - NETWERK

Correct Answers:

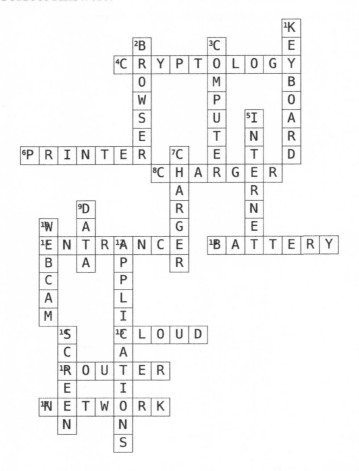

SPORTS & RECREATION

- DISCUSSING SPORTS, GAMES, & OUTDOOR ACTIVITIES -
- PARTICIPATING IN RECREATIONAL ACTIVITIES -
- EXPRESSING ENTHUSUASM OR FRUSTRATION -

Sports, Games, & Outdoor Activities

819.   I love playing soccer with my friends.
Ik hou ervan om met mijn vrienden voetbal te spelen.
(Ik how er-vahn om met myn vreen-den foot-bal tuh speh-len.)

820.   Basketball is a fast-paced and exciting sport.
Basketbal is een snelle en spannende sport.
(Bas-ket-bal is ayn snel-luh en span-nen-duh sport.)

821.   Let's go for a hike in the mountains this weekend.
Laten we dit weekend gaan wandelen in de bergen.
(Lah-ten vuh dit vee-kend gahn vahn-duh-len in duh ber-gen.)

822.   Playing chess helps improve my strategic thinking.
Schaken spelen helpt bij het verbeteren van mijn strategisch denken.
(Scha-ken spe-len helpt bey het ver-bet-er-en van myn stra-te-gisch den-ken.)

823.   I'm a fan of tennis; it requires a lot of skill.
Ik ben een fan van tennis; het vereist veel vaardigheid.
(Ik ben ayn fahn van ten-nis; het vuh-reyst feel vahr-di-kheid.)

> **Fun Fact:** Stroopwafels is a popular Dutch treat made of two thin waffles with caramel syrup filling.

824.   Are you up for a game of volleyball at the beach?
Heb je zin in een potje volleybal op het strand?
(Heb yuh zeen in ayn poh-tjuh vol-ley-bal op hut strahnd?)

825. Baseball games are a great way to spend the afternoon.
Honkbalwedstrijden zijn een geweldige manier om de middag door te brengen.
(*Honk-bal-wed-strey-den zyn ayn guh-vel-di-guh man-eer om duh mid-dahg door tuh breng-en.*)

826. Camping in the wilderness is so peaceful.
Kamperen in de wildernis is zo vredig.
(*Kam-puh-ren in duh wil-duhr-nis is zoh vray-dig.*)

827. I enjoy swimming in the local pool.
Ik geniet van zwemmen in het lokale zwembad.
(*Ik guh-nyet vahn zwem-men in hut loh-kah-luh zwem-bahd.*)

828. Let's organize a game of ultimate frisbee.
Laten we een spel ultimate frisbee organiseren.
(*Lah-ten vuh ayn spel ul-tee-mah-tuh fris-bee or-gah-nee-ser-en.*)

829. I'm learning to play the guitar in my free time.
Ik leer gitaar spelen in mijn vrije tijd.
(*Ik leer gee-taar spe-len in myn vree-ye teyd.*)

830. Skiing in the winter is an exhilarating experience.
Skiën in de winter is een opwindende ervaring.
(*Skee-uhn in duh win-ter is ayn op-vin-den-duh er-vah-ring.*)

831. Going fishing by the lake is so relaxing.
Vissen bij het meer is zo ontspannend.
(*Vis-sen bey hut meer is zoh ont-span-nend.*)

832. We should have a board game night with friends.
We zouden een bordspelavond met vrienden moeten hebben.
(*Vuh zow-duhn ayn bord-spel-ah-vohnd met vreen-den moh-ten heh-ben.*)

833.　Martial arts training keeps me fit and disciplined.
Vechtsporttraining houdt me fit en gedisciplineerd.
(*Vekht-sport-tray-ning howt muh fit en guh-dis-ci-plineer-d.*)

834.　I'm a member of a local running club.
Ik ben lid van een lokale hardloopclub.
(*Ik ben lit van ayn loh-kah-luh hahr-tloop-club.*)

835.　Playing golf is a great way to unwind.
Golf spelen is een geweldige manier om te ontspannen.
(*Golf spe-len is ayn guh-vel-di-guh man-ee-er om tuh ont-span-nen.*)

> **Idiomatic Expression:** "Over koetjes en kalfjes praten." -
> Meaning: "To make small talk."
> (Literal translation: "To talk about little cows and calves.")

836.　Yoga classes help me stay flexible and calm.
Yogales helpt me flexibel en kalm te blijven.
(*Yoh-gah-les helpt muh flek-si-bel en kahlm tuh bly-ven.*)

837.　I can't wait to go snowboarding this season.
Ik kan niet wachten om dit seizoen te gaan snowboarden.
(*Ik kahn neet wahch-ten om dit say-zohn tuh gahn snow-bor-den.*)

838.　Going kayaking down the river is an adventure.
Kajakken op de rivier is een avontuur.
(*Kai-yak-ken op duh ree-veer is ayn ah-von-toor.*)

839.　Let's organize a picnic in the park.
Laten we een picknick in het park organiseren.
(*Lah-ten vuh ayn pik-nik in hut park or-gah-nee-ser-en.*)

Participating in Recreational Activities

840. I enjoy painting landscapes as a hobby.
      Ik geniet van het schilderen van landschappen als hobby.
      (Ik guh-nyet vahn hut sghil-der-en vahn lant-sghap-pen ahs hob-bee.)

841. Gardening is a therapeutic way to spend my weekends.
      Tuinieren is een therapeutische manier om mijn weekenden door te brengen.
      (Too-nee-er-en is ayn teh-roo-peu-ti-sghuh man-ee-er om myn vay-ken-den door tuh breng-en.)

842. Playing the piano is my favorite pastime.
      Pianospelen is mijn favoriete tijdverdrijf.
      (Pee-ah-noh-spe-len is myn fah-vo-ree-tuh teyd-ver-dreyf.)

843. Reading books helps me escape into different worlds.
      Boeken lezen helpt me om te ontsnappen naar verschillende werelden.
      (Boo-ken ley-zen helpt muh om tuh ont-snap-pen naar fer-sghil-len-duh ver-eld-en.)

844. I'm a regular at the local dance classes.
      Ik ben een vaste bezoeker van de lokale danslessen.
      (Ik ben ayn vah-stuh buh-zoh-ker vahn duh loh-kah-luh dan-sles-sen.)

845. Woodworking is a skill I've been honing.
      Houtbewerking is een vaardigheid die ik aan het aanscherpen ben.
      (Howt-buh-ver-king is ayn vaar-di-kheid dee ik ahn hut ahn-sgher-pen ben.)

846. I find solace in birdwatching at the nature reserve.
Ik vind troost in vogels kijken in het natuurreservaat.
(Ik vind trohst in vo-huls kie-ken in hut nah-toor-reh-zehr-faht.)

847. Meditation and mindfulness keep me centered.
Meditatie en mindfulness houden me gecentreerd.
(Meh-dee-tah-tee en mind-fool-ness how-den meh guh-sen-tree-erd.)

848. I've taken up photography to capture moments.
Ik ben begonnen met fotografie om momenten vast te leggen.
(Ik ben buh-gon-nun met fo-toh-grah-fee om moh-men-ten vast tuh leh-gen.)

849. Going to the gym is part of my daily routine.
Naar de sportschool gaan is onderdeel van mijn dagelijkse routine.
(Nahr duh spor-tshool gahn is oon-der-deel van myn dahg-uh-li jks-uh roo-tee-nuh.)

850. Cooking new recipes is a creative outlet for me.
Nieuwe recepten koken is een creatieve uitlaatklep voor mij.
(Nee-uw-uh reh-sep-ten koh-ken is ayn kreh-ah-tee-vuh owt-lah ht-klep voor mei.)

851. Building model airplanes is a fascinating hobby.
Modelvliegtuigen bouwen is een fascinerende hobby.
(Moh-del-vliegh-too-ghun bow-wun is ayn fah-si-nuh-ren-duh hob-bee.)

852. I love attending art exhibitions and galleries.
Ik hou ervan kunstexposities en galerijen te bezoeken.
(Ik how air-vahn koonst-eks-poh-zee-tseez en guh-luh-ryen tuh buh-zoh-ken.)

853. Collecting rare stamps has been a lifelong passion.
Het verzamelen van zeldzame postzegels is een levenslange passie.
(*Hut vur-zah-muh-luhn vahn zeld-zah-muh post-zeh-guls is ayn leh-venz-lahn-ghuh pah-ssee.*)

854. I'm part of a community theater group.
Ik ben onderdeel van een gemeenschapstheatergroep.
(*Ik ben oon-der-deel van ayn guh-meen-shahps-thee-ah-ter-groop.*)

855. Birdwatching helps me connect with nature.
Vogels kijken helpt me om verbinding te maken met de natuur.
(*Vo-huls kie-ken helpt meh om vur-bin-ding tuh mah-ken met duh nah-toor.*)

856. I'm an avid cyclist and explore new trails.
Ik ben een enthousiaste fietser en verken nieuwe paden.
(*Ik ben ayn en-too-zee-as-tuh fee-tser en vur-ken nee-uw-uh pah-den.*)

857. Pottery classes allow me to express myself.
Pottenbakken lessen laten me toe mezelf te uiten.
(*Pot-ten-bak-ken les-sen lah-ten meh toe muh-zelf tuh uy-ten.*)

858. Playing board games with family is a tradition.
Bordspellen spelen met de familie is een traditie.
(*Bord-spel-len spe-len met duh fah-mi-lee is ayn trah-dee-tsee.*)

859. I'm practicing mindfulness through meditation.
Ik oefen mindfulness door meditatie.
(*Ik ooh-fen mind-fool-ness door meh-dee-tah-tee.*)

860. I enjoy long walks in the park with my dog.
Ik geniet van lange wandelingen in het park met mijn hond.
(Ik huh-nee-eet vahn lahng-uh vahn-deh-ling-un in hut pahrk met main hohnd.)

> **Travel Story:** In a Groningen University lecture, a professor quoted "Kennis is macht," meaning "Knowledge is power," emphasizing the value of education.

Expressing Enthusiasm or Frustration

861. I'm thrilled we won the championship!
Ik ben heel blij dat we het kampioenschap hebben gewonnen!
(Ik ben heel blei daht vay hut kahm-pee-oh-en-shahp heh-buhn guh-vohn-nuhn!)

862. Scoring that goal felt amazing.
Dat doelpunt maken voelde geweldig.
(Daht dohl-puhnt mah-kun vool-duh guh-vel-dihg.)

863. It's so frustrating when we lose a game.
Het is zo frustrerend als we een wedstrijd verliezen.
(Hut is zo froos-truh-rend ahlz vay ayn vehd-strieyd vur-lee-zuhn.)

864. I can't wait to play again next week.
Ik kan niet wachten om volgende week weer te spelen.
(Ik kahn neet wahk-ten ohm vol-guhn-duh vayk vayr tuh spay-luhn.)

> **Fun Fact:** "Holland" technically refers only to two provinces, North and South Holland.

865. Our team's performance was outstanding.
De prestatie van ons team was uitstekend.
(*Duh pruh-stah-tsee vahn ohns taym vahs owt-stuh-kend.*)

866. We need to practice more; we keep losing.
We moeten meer oefenen; we blijven verliezen.
(*Vay moh-tuhn mair oo-fuh-nuhn; vay bly-vuhn vur-lee-zuhn.*)

867. I'm over the moon about our victory!
Ik ben extatisch over onze overwinning!
(*Ik ben eks-tah-stish oh-vur ohn-zuh oh-vur-vin-ning!*)

> **Language Learning Tip:** Set Realistic Goals - Set achievable goals for your Dutch learning to keep motivated.

868. I'm an avid cyclist and explore new trails.
Ik ben een enthousiaste fietser en verken nieuwe paden.
(*Ik ben ayn en-too-zee-as-tuh fee-tsur en vur-kuhn noo-vuh pah-dun.*)

869. The referee's decision was unfair.
De beslissing van de scheidsrechter was oneerlijk.
(*Duh buh-slees-sing vahn duh shyds-rek-tur vahs oh-neer-lijk.*)

870. We've been on a winning streak lately.
We zijn de laatste tijd op een winstreeks.
(*Vay zine duh laht-stuh tied ohp ayn winst-reaks.*)

871. I'm disappointed in our team's performance.
Ik ben teleurgesteld in de prestatie van ons team.
(*Ik ben tay-loor-guh-stelt in duh pruh-stah-tsee vahn ohns taym.*)

872. The adrenaline rush during the race was incredible.
De adrenalinekick tijdens de race was ongelooflijk.
(Duh ah-dreh-nah-leen-keek tee-dens duh rahs vahs ohn-guh-loaf-lik.)

873. We need to step up our game to compete.
We moeten ons spel verbeteren om mee te kunnen doen.
(Vay moh-tuhn ohns spuhl ver-buh-tuh-ren ohm may tuh koon-nuhn dohn.)

> **Idiomatic Expression:** "Twee vliegen in één klap slaan."
> - Meaning: "To kill two birds with one stone."
> (Literal translation: "To kill two birds with one stone.")

874. Winning the tournament was a dream come true.
Het winnen van het toernooi was een droom die uitkwam.
(Het vin-nuhn vahn het tor-noo-ee vahs ayn drohm dee owt-kvahm.)

875. I was so close to scoring a goal.
Ik was zo dichtbij om een doelpunt te scoren.
(Ik vahs zo dikht-bye ohm ayn dohl-puhnt tuh skoh-ren.)

876. We should celebrate our recent win.
We moeten onze recente overwinning vieren.
(Vay moh-tuhn ohn-zuh reh-sen-tuh oh-ver-vin-ning vee-ren.)

877. Losing by a narrow margin is frustrating.
Verliezen met een klein verschil is frustrerend.
(Ver-lee-zuhn met ayn klyne ver-skhil is froos-truh-rend.)

878. Let's train harder to improve our skills.
Laten we harder trainen om onze vaardigheden te verbeteren.
(Lah-tuhn vay hahr-der try-nuhn ohm ohn-zuh vahr-digh-hay-duhn tuh ver-buh-tuh-ren.)

879. The match was intense from start to finish.
De wedstrijd was intens van begin tot eind.
(Duh vehd-striyd vahs in-tens vahn buh-gin tot eynd.)

880. I'm proud of our team's sportsmanship.
Ik ben trots op de sportiviteit van ons team.
(Ik ben trots ohp duh spor-tee-vee-tite vahn ohns taym.)

881. We've faced tough competition this season.
We hebben dit seizoen zware concurrentie gehad.
(Vay heh-buhn dit say-zohn zvah-ruh kohn-kur-ren-tee guh-had.)

882. I'm determined to give it my all in the next game.
Ik ben vastbesloten om alles te geven in de volgende wedstrijd.
(Ik ben vahst-buh-sloh-tuhn ohm ah-luhs tuh guh-vuhn in duh vol-guhn-duh vehd-striyd.)

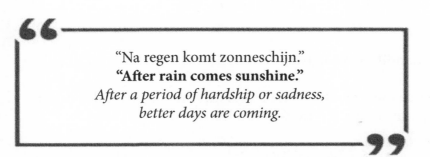

"Na regen komt zonneschijn."
"After rain comes sunshine."
After a period of hardship or sadness, better days are coming.

Mini Lesson:
Basic Grammar Principles in Dutch #3

Introduction:

In this third installment of our Dutch grammar series, we delve into more complex aspects of the language. These concepts will enhance your understanding and ability to use Dutch in a range of contexts, enriching your communication skills.

1. Phrasal Verbs:

Dutch, like English, makes extensive use of phrasal verbs. These are verbs combined with prepositions or adverbs, often creating a meaning different from the original verb.

- *Opstaan (to stand up/get up)*
- *Uitzoeken (to figure out/select)*

2. Conditional Clauses:

Dutch uses conditional clauses to express hypothetical situations, typically using "als" (if) and conditional forms of verbs.

- *Als ik tijd had, zou ik reizen. (If I had time, I would travel.)*
- *Als het regent, blijven we thuis. (If it rains, we stay home.)*

3. Reported Speech:

Dutch reported speech often involves a shift in tense, similar to English. The tense usually shifts one step back in time.

- *Hij zegt dat hij moe is. (He says he is tired.)*
- *Ze zei dat ze had gegeten. (She said she had eaten.)*

4. Conjunctions:

Understanding conjunctions is key to constructing complex sentences in Dutch. They link words, phrases, or clauses.

- *En (and)*
- *Maar (but)*
- *Omdat (because)*
- *Hoewel (although)*

5. Direct and Indirect Objects:

In Dutch, the placement of direct and indirect objects in a sentence can affect its meaning.

- *Ik geef het boek aan Maria. (I give the book to Maria.)*
- *Ik geef Maria het boek. (I give Maria the book.)*

6. Imperative Mood:

The imperative is used for commands or requests. In Dutch, it's typically the stem of the verb.

- *Kom hier! (Come here!)*
- *Luister! (Listen!)*

7. Subjunctive Mood:

While not common in modern spoken Dutch, the subjunctive mood (conjunctief) is still found in formal writing and fixed expressions, often expressing a wish or hope.

- *Leve de koning! (Long live the king!)*
- *Het zij zo. (So be it.)*

Conclusion:

Grasping these advanced elements of Dutch grammar will enable more nuanced conversations and a deeper understanding of the language's structure. Practice and exposure to Dutch in various contexts are key to mastering these concepts. Veel succes! (Good luck!)

TRANSPORT & DIRECTIONS

- ASKING FOR AND GIVING DIRECTIONS -
- USING TRANSPORTATION-RELATED PHRASES -

Asking for and Giving Directions

883. Can you tell me how to get to the nearest subway station?
Kunt u mij vertellen hoe ik het dichtstbijzijnde metrostation bereik?
(Kunt uu meye ver-tel-len hoe eek het dikhts-bei-zein-duh meh-troh-stah-tee-on buh-rike?)

884. Excuse me, where's the bus stop for Route 25?
Pardon, waar is de bushalte voor Lijn 25?
(Par-don, waar is duh boo-shal-tuh voor Line twee-en-twintig?)

885. Could you give me directions to the city center?
Kunt u mij de weg wijzen naar het stadscentrum?
(Kunt uu meye duh vayk veye-zen nar het s-tads-sen-trum?)

886. I'm looking for a good place to eat around here. Any recommendations?
Ik zoek een goede plek om hier te eten. Heeft u aanbevelingen?
(Ick zoke ayn goh-duh plek ohm heer tuh ayt-en. Hef-t uu aan-buh-veh-ling-en?)

887. Which way is the nearest pharmacy?
In welke richting is de dichtstbijzijnde apotheek?
(In vel-kuh rik-ting is duh dikhts-bei-zein-duh ah-poh-teyk?)

888. How do I get to the airport from here?
Hoe kom ik vanaf hier naar de luchthaven?
(Hoo kom ick vahn-aff heer nar duh lukh-thah-ven?)

889. Can you point me to the nearest ATM?
Kunt u mij wijzen op de dichtstbijzijnde geldautomaat?
(Kunt uu meye veye-zen ohp duh dikhts-bei-zein-duh kheld-ow-toh-maht?)

890. I'm lost. Can you help me find my way back to the hotel?
Ik ben verdwaald. Kunt u mij helpen de weg terug naar het hotel te vinden?
(Ick ben ver-dvahld. Kunt uu meye hel-pen duh vayk ter-ruk nar het hoh-tel tuh vin-den?)

891. Where's the closest gas station?
Waar is het dichtstbijzijnde tankstation?
(Waar is het dikhts-bei-zein-duh tank-stah-tee-on?)

892. Is there a map of the city available?
Is er een kaart van de stad beschikbaar?
(Is air ayn kaart vahn duh s-tahd buh-sheek-bar?)

893. How far is it to the train station from here?
Hoe ver is het vanaf hier naar het treinstation?
(Hoo vair is het vahn-aff heer nar het trine-stah-tee-on?)

894. Which exit should I take to reach the shopping mall?
Welke uitgang moet ik nemen om het winkelcentrum te bereiken?
(Vel-kuh ow-tgang moat ick nay-men ohm het vin-kul-sen-trum tuh buh-rike-en?)

895. Where can I find a taxi stand around here?
Waar kan ik hier in de buurt een taxistandplaats vinden?
(Waar kan ick heer in duh buurt ayn tahk-see-stahnd-plahts vin-den?)

896. Can you direct me to the main tourist attractions?
Kunt u mij de weg wijzen naar de belangrijkste toeristische attracties?
(*Kunt uu meye duh vayk veye-zen nar duh beh-lang-rike-stuh toh-er-is-ti-she ah-trak-tee-es?*)

> **Fun Fact:** Dutch Language Day is celebrated on November 10th.

897. I need to go to the hospital. Can you provide directions?
Ik moet naar het ziekenhuis. Kunt u mij de weg wijzen?
(*Ick moet nar het zee-ken-hoys. Kunt uu meye duh vayk veye-zen?*)

898. Is there a park nearby where I can go for a walk?
Is er een park in de buurt waar ik kan wandelen?
(*Is air uhn park in duh buurt waar ick kan vahn-duh-len?*)

899. Which street should I take to reach the museum?
Welke straat moet ik nemen om het museum te bereiken?
(*Vel-kuh straht moat ick nay-men ohm het muu-zay-uhm tuh buh-rike-en?*)

900. How do I get to the concert venue?
Hoe kom ik bij de concertlocatie?
(*Hoo kom ick bai duh kon-sert-loh-kaa-tee?*)

901. Can you guide me to the nearest public restroom?
Kunt u mij naar het dichtstbijzijnde openbare toilet leiden?
(*Kunt uu meye nar het dikhts-bei-zein-duh oh-puh-bah-ruh toi-let lei-den?*)

902. Where's the best place to catch a cab in this area?
Waar kan ik het beste een taxi pakken in dit gebied?
(*Waar kan ick het bes-tuh uhn tahk-see pak-ken in dit guh-beed?*)

Buying Tickets

903. I'd like to buy a one-way ticket to downtown, please.
Ik wil graag een enkele reis naar het centrum kopen, alstublieft.
(*Ick vil grahg uhn en-kuh-luh rise nar het sen-trum koh-pen, ahl-stu-bleeft.*)

904. How much is a round-trip ticket to the airport?
Hoeveel kost een retourticket naar de luchthaven?
(*Hoo-veel kost uhn reh-tour-tick-et nar duh lukh-thah-ven?*)

905. Do you accept credit cards for ticket purchases?
Accepteert u creditcards voor de aankoop van tickets?
(*Ak-sep-teert uu creh-dit-kards voor duh ahn-koop vahn tick-ets?*)

906. Can I get a student discount on this train ticket?
Kan ik studentenkorting krijgen op dit treinkaartje?
(*Kan ick stu-den-ten-kor-ting kreig-en op dit trine-kahr-che?*)

907. Is there a family pass available for the bus?
Is er een familiepas beschikbaar voor de bus?
(*Is air uhn fah-mee-lee-pahs buh-sheek-bar voor duh boos?*)

> **Travel Story:** At a Dutch soccer match, fans chanted "Samen staan we sterk," translating to "Together we are strong," showcasing their team spirit.

908. What's the fare for a child on the subway?
Wat kost een kinderkaartje voor de metro?
(*Vat kost uhn kin-der-kahr-cheh voor duh meh-troh?*)

909. Are there any senior citizen discounts for tram tickets?
Zijn er kortingen voor ouderen op tramkaartjes?
(*Zine air kor-tin-gen voor ow-der-en op tram-kahr-ches?*)

910. Do I need to make a reservation for the express train?
Moet ik reserveren voor de sneltrein?
(*Moat ick reh-ser-veh-ren voor duh snel-trein?*)

911. Can I upgrade to first class on this flight?
Kan ik upgraden naar de eerste klasse op deze vlucht?
(*Kan ick up-grah-den nar duh ear-stuh klas-seh op day-zuh vlookht?*)

912. Are there any extra fees for luggage on this bus?
Zijn er extra kosten voor bagage in deze bus?
(*Zine air ex-trah kos-ten voor bah-gah-zheh in day-zuh boos?*)

913. I'd like to book a sleeper car for the overnight train.
Ik wil graag een slaapwagon reserveren voor de nachttrein.
(*Ick vil grahg uhn slaap-wah-gon reh-ser-veh-ren voor duh nacht-trein.*)

914. What's the schedule for the next ferry to the island?
Wat is het schema voor de volgende veerboot naar het eiland?
(*Vat is het skay-mah voor duh vol-gen-duh veer-boot nar het ay-lahnd?*)

> **Cultural Insight:** The Dutch enjoy 'borrel', a social gathering in the late afternoon with drinks (often beer) and snacks.

915. Are there any available seats on the evening bus to the beach?
Zijn er beschikbare plaatsen in de avondbus naar het strand?
(*Zine air buh-sheek-bah-ruh plaat-sen in duh ah-vond-boos nar het strahnd?*)

916. Can I pay for my metro ticket with a mobile app?
Kan ik mijn metroticket betalen met een mobiele app?
(*Kan ick mine meh-troh-tick-et buh-tah-len met uhn moh-bee-luh app?*)

917. Is there a discount for purchasing tickets online?
Is er korting op het online kopen van tickets?
(*Is air kor-ting op het on-line koh-pen vahn tick-ets?*)

918. How much is the parking fee at the train station?
Hoeveel kost het parkeren bij het treinstation?
(*Hoo-veel kost het pahr-ker-en bai het trein-stah-tion?*)

919. I'd like to reserve two seats for the next shuttle bus.
Ik wil graag twee plaatsen reserveren voor de volgende pendelbus.
(*Ick vil grahg tweh plaat-sen reh-ser-veh-ren voor duh vol-gen-duh pen-del-boos.*)

920. Do I need to validate my ticket before boarding the tram?
Moet ik mijn kaartje valideren voordat ik de tram instap?
(*Moat ick mine kahr-cheh vah-lee-der-en voor-daht ick duh tram in-stahp?*)

921. Can I buy a monthly pass for the subway?
Kan ik een maandabonnement kopen voor de metro?
(*Kan ick uhn mahnd-ah-boh-nuh-ment koh-pen voor duh meh-troh?*)

922.   Are there any group rates for the boat tour?
        Zijn er groepstarieven voor de boottocht?
        (*Zine air grop-star-ee-ven voor duh boat-tocht?*)

> **Travel Story:** In a cheese shop in Edam, the
> cheesemonger said "Kaas is het goud van Nederland,"
> meaning "Cheese is the gold of the Netherlands."

Arranging Travel

923.   I need to book a flight to Paris for next week.
        Ik moet een vlucht naar Parijs boeken voor volgende week.
        (*Ick moet uhn vlookht nar Pah-rees book-en voor vol-gen-duh
        veek.*)

924.   What's the earliest departure time for the high-speed train?
        Wat is de vroegste vertrektijd voor de hogesnelheidstrein?
        (*Vat is duh vroog-stuh furr-trekt-tide voor duh ho-guh-snel-hide-
        strein?*)

925.   Can I change my bus ticket to a later time?
        Kan ik mijn busticket wijzigen naar een latere tijd?
        (*Kan ick mine boos-ticket vie-ze-gen nar uhn lah-teh-ruh teet?*)

926.   I'd like to rent a car for a week.
        Ik wil graag een auto huren voor een week.
        (*Ick vil grahg uhn ow-toe hooren voor uhn veek.*)

927. Is there a direct flight to New York from here?
Is er een rechtstreekse vlucht naar New York vanaf hier?
(*Is air uhn rehcht-streeks-uh vlookht nar New York van-af heer?*)

928. I need to cancel my reservation for the cruise.
Ik moet mijn reservering voor de cruise annuleren.
(*Ick moet mine reh-ser-veh-ring voor duh kroo-seh an-new-leh-ren.*)

929. Can you help me find a reliable taxi service for airport transfers?
Kunt u mij helpen een betrouwbare taxiservice te vinden voor vliegveldtransfers?
(*Kunt uu mai hel-pen uhn buh-trow-bah-ruh tak-see-ser-vees tuh veen-den voor vlee-guh-feld-trans-fuhrs?*)

930. I'm interested in a guided tour of the city.
How can I arrange that?
Ik ben geïnteresseerd in een rondleiding door de stad. Hoe kan ik dat regelen?
(*Ick ben gay-in-teh-res-seerd in uhn rond-lay-ding door duh shtad. Hoe kan ick dat reh-guh-len?*)

931. Do you have any information on overnight buses to the capital?
Heeft u informatie over nachtbussen naar de hoofdstad?
(*Hayft uu in-for-mah-tee-uh o-vur nacht-boo-sen nar duh hof-shtad?*)

932. I'd like to purchase a travel insurance policy for my trip.
Ik wil graag een reisverzekering afsluiten voor mijn reis.
(*Ick vil grahg uhn raise-fur-zeh-keh-ring af-sloo-ten voor mine raise.*)

> **Cultural Insight:** Eating bread with hagelslag (chocolate sprinkles) is a unique Dutch habit, particularly beloved by children.

933.   Can you recommend a good travel agency for vacation
       packages?
       **Kunt u een goede reisorganisatie aanbevelen voor
       vakantiepakketten?**
       *(Kunt uu uhn goh-duh rise-or-gah-nee-zah-tee aan-buh-veh-len
       voor vah-kahn-tee-pah-ket-ten?)*

934.   I need a seat on the evening ferry to the island.
       Ik heb een plek nodig op de avondveerboot naar het eiland.
       *(Ick heb uhn pleck noh-dig op duh ah-vond-fair-boot nar hut
       eye-land.)*

935.   How can I check the departure times for international flights?
       **Hoe kan ik de vertrektijden van internationale vluchten
       controleren?**
       *(Hoe kan ick duh vurr-trek-tide-en van in-tur-nah-tee-oh-nah-luh
       vlookh-ten kon-troh-leh-ren?)*

936.   Is there a shuttle service from the hotel to the train station?
       Is er een pendeldienst van het hotel naar het treinstation?
       *(Is air uhn pen-del-deenst van hut ho-tel nar hut trine-stah-shee-
       ohn?)*

937.   I'd like to charter a private boat for a day trip.
       Ik wil graag een privéboot huren voor een dagtocht.
       (Ick vil grahg uhn pree-vay-boot hoo-ren voor uhn dahg-tohcht.)

938.   Can you assist me in booking a vacation rental apartment?
       **Kunt u mij helpen met het boeken van een
       vakantiehuurappartement?**
       *(Kunt uu mai hel-pen met hut boh-ken van uhn vah-kahn-tee-
       hoor-ap-pahr-tuh-ment?)*

939. I need to arrange transportation for a group of 20 people.
Ik moet vervoer regelen voor een groep van 20 personen.
(Ick moet vur-foor ruh-guh-len voor uhn grohp van twintig pur-sohn-en.)

940. What's the best way to get from the airport to the city center?
Wat is de beste manier om van de luchthaven naar het stadscentrum te gaan?
(Vat is duh behs-tuh mah-nee-ur om van duh loocht-hah-ven nar hut shtahds-sen-trum tuh gaan?)

941. Can you help me find a pet-friendly accommodation option?
Kunt u mij helpen met het vinden van een huisdiervriendelijke accommodatie?
(Kunt uu mai hel-pen met hut veen-den van uhn huis-deer-vreen-duh-lik-uh ak-koh-moh-dah-see?)

942. I'd like to plan a road trip itinerary for a scenic drive.
Ik wil graag een reisroute plannen voor een schilderachtige autorit.
(Ick vil grahg uhn rise-roo-tuh plahn-nen voor uhn shil-duh-rah kh-ti-guh ow-toh-rit.)

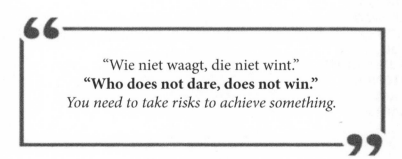

"Wie niet waagt, die niet wint."
"Who does not dare, does not win."
You need to take risks to achieve something.

Word Search Puzzle: Transport & Directions

CAR
AUTO
BUS
BUS
AIRPORT
VLIEGVELD
SUBWAY
METRO
TAXI
TAXI
STREET
STRAAT
MAP
KAART
DIRECTION
RICHTING
TRAFFIC
VERKEER
PARKING
PARKEREN
PEDESTRIAN
VOETGANGER
HIGHWAY
SNELWEG
BRIDGE
BRUG
ROUNDABOUT
ROTONDE
TICKET
KAARTJE

```
T X K U V A D R T M V Q R H I
V E T A H U G U O R M T Y Y I
E Z K R X T T B I E O V H Q D
R N K C A O Y L V G P P A Z C
K Q K D I F S D E N U H R C R
E O S S K T F R O A N H C I Z
E P Z N G I F I L G D T N C A
R I C H T I N G C T C C I X E
E T A A R T S M S E N K A B Z
H I I Q M C P T P O M E T R O
Q D N D A Y R A I V J Q Z U E
S U B F A E R T M V D Q O G J
R U N W E K C S N E L W E G T
I R B T I E I Q Y A C U L Y R
V U R N R T N E R E K R A P A
S D G I A Y A A J T L W F F A
U L D P W I B X R A H N F R K
Y E I K G G R R I G Z J J Y B
W V Q J T X T T I N L M E U H
O G E G P M R H S D Y W S B F
U E B P E X A I R E G S S Z R
D I R U D S A Z B L D E T O N
C L U C Q A K D R E V E U V K
X V U T K C G T F U V N P O E
E Z S Q H E E J N H D Y M H Q
M K R M Z T D R H A S M F F I
E T E A L A I M B P E M K G K
J V Q J R X I O Z E Z Q R C D
L I F L K I U U T I C E S Q K
J E D N O T O R H O E D N C F
```

Correct Answers:

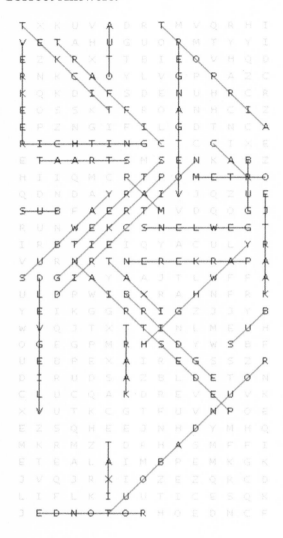

SPECIAL OCCASIONS

- EXPRESSING WELL WISHES AND CONGRATULATIONS -
- CELEBRATIONS AND CULTURAL EVENTS -
- GIVING AND RECEIVING GIFTS -

Expressing Well Wishes & Congratulations

943. Congratulations on your graduation!
Gefeliciteerd met je afstuderen!
(Guh-feh-lee-see-teert met yuh af-stu-deh-ren!)

944. Best wishes for a long and happy marriage.
De beste wensen voor een lang en gelukkig huwelijk.
(Duh behs-tuh wehn-sen voor uhn lang en guh-look-kig how-wuh-lik.)

945. Happy anniversary to a wonderful couple.
Gelukkige jubileum voor een prachtig paar.
(Guh-look-kee-guh yoo-bee-lay-um voor uhn prahkh-tig paar.)

946. Wishing you a speedy recovery.
Wij wensen je een spoedig herstel.
(Vye wehn-sen yuh uhn spoo-dig her-stel.)

947. Congratulations on your new job!
Gefeliciteerd met je nieuwe baan!
(Guh-feh-lee-see-teert met yuh nee-yuh-wuh bahn!)

> **Travel Story:** On a tranquil morning in Giethoorn, a resident said "Hier vind je de stilte," meaning "Here you find the silence," appreciating the peacefulness of the village.

948. May your retirement be filled with joy and relaxation.
Moge je pensioen gevuld zijn met vreugde en ontspanning.
(Moh-guh yuh pen-see-ohn guh-vuld zine met vroyg-duh en on-tspan-ning.)

949.   Best wishes on your engagement.
       De beste wensen voor jullie verloving.
       (Duh behs-tuh wehn-sen voor yool-lee ver-loh-ving.)

950.   Happy birthday! Have an amazing day.
       Gefeliciteerd met je verjaardag! Heb een geweldige dag.
       (Guh-feh-lee-see-teert met yuh ver-yahr-dahg! Heb uhn guh-wel-di-guh dahg.)

> **Cultural Insight:** A majority of Dutch people are proficient in English, making it easy for tourists to communicate.

951.   Wishing you success in your new venture.
       Wij wensen je succes met je nieuwe onderneming.
       (Vye wehn-sen yuh suk-ses met yuh nee-yuh-wuh on-der-nay-ming.)

952.   Congratulations on your promotion!
       Gefeliciteerd met je promotie!
       (Guh-feh-lee-see-teert met yuh pro-mo-tsee!)

953.   Good luck on your exam—you've got this!
       Succes met je examen – je kunt het!
       (Suk-ses met yuh ex-ah-men – yuh kunt hut!)

954.   Best wishes for a safe journey.
       De beste wensen voor een veilige reis.
       (Duh behs-tuh wehn-sen voor uhn vay-li-guh rise.)

955.   Happy retirement! Enjoy your newfound freedom.
       Gelukkig pensioen! Geniet van je nieuwgevonden vrijheid.
       (Guh-look-kig pen-see-ohn! Guh-neet van yuh nee-yuh-ge-von-den fry-hyd.)

956. Congratulations on your new home.
Gefeliciteerd met je nieuwe huis.
(Guh-feh-lee-see-teert met yuh nee-yuh-wuh huys.)

957. Wishing you a lifetime of love and happiness.
Wij wensen jullie een leven vol liefde en geluk.
(Vye wehn-sen yool-lee uhn leh-ven voll lee-fduh en guh-look.)

958. Best wishes on your upcoming wedding.
De beste wensen voor jullie aanstaande bruiloft.
(Duh behs-tuh wehn-sen voor yool-lee ahn-stahn-duh bry-loft.)

959. Congratulations on the arrival of your baby.
Gefeliciteerd met de komst van jullie baby.
(Guh-feh-lee-see-teert met duh komst van yool-lee bah-bee.)

960. Sending you warmest thoughts and prayers.
We sturen jullie onze warmste gedachten en gebeden.
(Vuh stu-ren yool-lee ohn-zuh varm-stuh guh-dahkh-ten en guh-beh-duhn.)

961. Happy holidays and a joyful New Year!
Prettige feestdagen en een vrolijk Nieuwjaar!
(Pret-tuh-guh feyst-dah-gen en uhn vro-lik Neeuw-yaar!)

962. Wishing you a wonderful and prosperous future.
Wij wensen jullie een prachtige en voorspoedige toekomst.
(Vye wehn-sen yool-lee uhn prahkh-tuh-guh en voor-spo-duh-guh too-komst.)

Idiomatic Expression: "De hond in de pot vinden." - Meaning: "To come home too late for dinner." (Literal translation: "To find the dog in the pot.")

Celebrations & Cultural Events

963. I'm excited to attend the festival this weekend.
Ik kijk uit naar het festival dit weekend.
(Ick keek owt nah-r hut fes-tee-val dit vee-kend.)

964. Let's celebrate this special occasion together.
Laten we samen deze speciale gelegenheid vieren.
(Lah-ten vuh sah-men deh-zuh speh-see-ah-luh guh-leh-ghen-hyd vee-ren.)

> **Fun Fact:** The Netherlands is remarkably flat, with the Vaalserberg being the highest point at 322 meters.

965. The cultural parade was a vibrant and colorful experience.
De culturele parade was een levendige en kleurrijke ervaring.
(Duh kool-too-rel-uh pah-rah-duh vas uhn leh-ven-duh-guh en kloor-ry-kuh ur-var-ing.)

966. I look forward to the annual family reunion.
Ik verheug me op de jaarlijkse familiebijeenkomst.
(Ick vur-hoygh muh op duh yahr-lik-suh fah-mee-lee-bye-ehn-komst.)

967. The fireworks display at the carnival was spectacular.
Het vuurwerk bij het carnaval was spectaculair.
(Het voor-werk bai hut kahr-nah-val vas spek-tah-koo-lair.)

968. It's always a blast at the neighborhood block party.
Het is altijd geweldig op het buurtfeest.
(Het is ahl-tayd guh-vel-dig op hut buurt-fayst.)

969.   Attending the local cultural fair is a tradition.
        Deelnemen aan de lokale cultuurmarkt is een traditie.
        *(Dayl-neh-men ahn duh loh-kah-luh kool-toor-markt is ayn
        trah-dee-tsee.)*

970.   I'm thrilled to be part of the community celebration.
        **Ik ben enthousiast om deel uit te maken van de
        gemeenschapsviering.**
        *(Ick ben en-too-see-ast ohm dayl owt tuh mah-ken vahn duh
        guh-meen-shaps-fee-ring.)*

971.   The music and dancing at the wedding were fantastic.
        De muziek en het dansen op de bruiloft waren fantastisch.
        *(Duh moo-zee-ick en hut dan-suhn op duh bry-loft vah-ren
        fahn-tah-stish.)*

972.   Let's join the festivities at the holiday parade.
        Laten we ons aansluiten bij de festiviteiten van de feestparade.
        *(Lah-ten vuh ohns ahn-sloo-ten bai duh fes-tee-vee-ty-ten vahn
        duh fayst-pah-rah-duh.)*

973.   The cultural exchange event was enlightening.
        Het culturele uitwisselingsevenement was verhelderend.
        *(Hut kool-too-rel-uh owt-wis-suh-lings-eh-veh-neh-ment vas
        ver-hel-duh-rend.)*

974.   The food at the international festival was delicious.
        Het eten op het internationale festival was heerlijk.
        *(Hut ay-ten op hut in-ter-nah-tee-oh-nah-luh fes-tee-val vas
        hair-lik.)*

> **Travel Story:** At the Anne Frank House, a guide
> somberly noted, "Lest we forget," reflecting on the
> importance of remembering history.

975. I had a great time at the costume party.
Ik heb me goed vermaakt op het verkleedfeest.
(Ick heb muh goot ver-mahkt op hut ver-klayd-fayst.)

976. Let's toast to a memorable evening!
Laten we proosten op een gedenkwaardige avond!
(Lah-ten vuh prohs-ten op ayn guh-denk-vah-r-duh ah-vond!)

977. The concert was a musical extravaganza.
Het concert was een muzikaal spektakel.
(Hut kon-sert vas ayn moo-zee-kaal spuhk-tah-kul.)

978. I'm looking forward to the art exhibition.
Ik kijk uit naar de kunsttentoonstelling.
(Ick keek owt nah-r duh koonst-ten-toon-stel-ling.)

979. The theater performance was outstanding.
De theatervoorstelling was uitmuntend.
(Duh tay-ah-ter-voor-stel-ling vas owt-mun-tend.)

980. We should participate in the charity fundraiser.
We moeten deelnemen aan de liefdadigheidsinzameling.
(Vuh moe-ten dayl-neh-men ahn duh leef-dah-dikh-heids-in-zah-muh-ling.)

981. The sports tournament was thrilling to watch.
Het sporttoernooi was spannend om te bekijken.
(Hut sport-tor-nooi vas span-nend ohm tuh buh-keek-en.)

982. Let's embrace the local customs and traditions.
Laten we de lokale gebruiken en tradities omarmen.
(Lah-ten vuh duh loh-kah-luh guh-bryoo-ken en trah-dee-tees oh-mar-men.)

Giving and Receiving Gifts

983. I hope you like this gift I got for you.
      Ik hoop dat je dit cadeau leuk vindt dat ik voor je heb gekocht.
      (Ick hohp daht yuh dit kah-doh luhk fint daht ick voor yuh heb guh-kohcht.)

984. Thank you for the thoughtful present!
      Dank je voor het attente cadeau!
      (Dahnk yuh voor hut ah-ten-tuh kah-doh!)

> **Idiomatic Expression:** "Met twee maten meten." -
> Meaning: "To apply double standards."
> (Literal translation: "To measure with two measures.")

985. It's a token of my appreciation.
      Het is een teken van mijn waardering.
      (Hut is ayn tay-ken vahn mainn vah-der-ring.)

986. Here's a little something to brighten your day.
      Hier is een kleinigheidje om je dag op te vrolijken.
      (Heer is ayn klay-nig-hayt-yuh ohm yuh dahk op tuh vroh-lik-uhn.)

987. I brought you a souvenir from my trip.
      Ik heb een souvenir voor je meegebracht van mijn reis.
      (Ick heb ayn soo-veh-neer voor yuh may-guh-brahcht vahn mainn rays.)

988. This gift is for you on your special day.
      Dit cadeau is voor jou op jouw speciale dag.
      (Dit kah-doh is voor yow op yow speh-see-ah-luh dahk.)

989. You shouldn't have, but I love it!
Dat had niet gehoeven, maar ik vind het geweldig!
(Daht haht neet guh-hoov-uhn, mahr ick fint hut guh-vel-dig!)

990. It's a small gesture of my gratitude.
Het is een klein gebaar van mijn dankbaarheid.
(Hut is ayn klayn guh-bahr vahn mainn dahngk-bahr-hide.)

991. I wanted to give you a little surprise.
Ik wilde je een kleine verrassing geven.
(Ick vil-duh yuh ayn klay-nuh vuh-rah-sing guh-vuhn.)

992. I hope this gift brings you joy.
Ik hoop dat dit cadeau je vreugde brengt.
(Ick hohp daht dit kah-doh yuh vroy-duh brengt.)

993. It's a symbol of our friendship.
Het is een symbool van onze vriendschap.
(Hut is ayn see-mbool vahn ohn-zuh vreend-skahp.)

994. This is just a token of my love.
Dit is slechts een teken van mijn liefde.
(Dit is slekhst ayn tay-ken vahn mainn lee-fduh.)

995. I got this with you in mind.
Ik heb dit met jou in gedachten gekocht.
(Ick heb dit met yow in guh-dahk-tuhn guh-kohcht.)

996. I knew you'd appreciate this.
Ik wist dat je dit zou waarderen.
(Ick wist daht yuh dit zow vah-der-uhn.)

997. I wanted to spoil you a bit.
Ik wilde je een beetje verwennen.
(Ick vil-duh yuh ayn bay-tjuh vur-ven-nuhn.)

998. This gift is for your hard work.
      Dit cadeau is voor je harde werk.
      (Dit kah-doh is voor yuh har-duh verk.)

999. I hope you find this useful.
      Ik hoop dat je dit nuttig vindt.
      (Ick hohp daht yuh dit noo-tig fint.)

1000. It's a sign of my affection.
      Het is een teken van mijn genegenheid.
      (Hut is ayn tay-ken vahn mainn guh-nay-gen-hayd.)

1001. I brought you a little memento.
      Ik heb je een klein aandenken meegebracht.
      (Ick heb yuh ayn klayn ahn-den-kuhn may-guh-brahcht.)

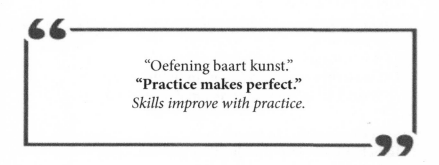

"Oefening baart kunst."
"Practice makes perfect."
Skills improve with practice.

Interactive Challenge: Special Occasions
(Link each English word with their corresponding meaning in Dutch)

1) Celebration	Verrassing
2) Gift	Feestelijk
3) Party	Groet
4) Anniversary	Jubileum
5) Congratulations	Verjaardag
6) Wedding	Afstuderen
7) Birthday	Bruiloft
8) Graduation	Geschenk
9) Holiday	Ceremonie
10) Ceremony	Gefeliciteerd
11) Tradition	Vakantie
12) Festive	Viering
13) Greeting	Traditie
14) Toast	Feest
15) Surprise	Toast

Correct Answers:

1. Celebration - Viering
2. Gift - Geschenk
3. Party - Feest
4. Anniversary - Jubileum
5. Congratulations - Gefeliciteerd
6. Wedding - Bruiloft
7. Birthday - Verjaardag
8. Graduation - Afstuderen
9. Holiday - Vakantie
10. Ceremony - Ceremonie
11. Tradition - Traditie
12. Festive - Feestelijk
13. Greeting - Groet
14. Toast - Toast
15. Surprise - Verrassing

CONCLUSION

Congratulations on reaching the final chapter of "The Ultimate Dutch Phrase Book." As you prepare to explore the vibrant culture of the Netherlands, from the picturesque canals of Amsterdam to the historic streets of Utrecht, your dedication to mastering Dutch is truly admirable.

This phrasebook has been your reliable guide, offering essential phrases and expressions to enhance your communication effortlessly. You've journeyed from basic greetings like "Hallo" and "Goedemiddag" to more intricate expressions, equipping yourself for diverse interactions, immersive experiences, and a deeper appreciation of the Netherlands' rich heritage.

Embarking on the path to language proficiency is a fulfilling endeavor. Your commitment has laid a strong foundation for fluency in Dutch. Remember, language is not just a tool for communication; it's a gateway to understanding the essence and spirit of a culture.

If this phrasebook has played a role in your language learning adventure, I'd be delighted to hear about it! Connect with me on Instagram: **@adriangruszka**. Share your experiences, seek advice, or simply say "Hallo!" I'd be thrilled if you mention this book on social media and tag me – I'm excited to celebrate your progress in mastering Dutch.

For additional resources, in-depth insights, and updates, please visit **www.adriangee.com**. There, you'll find a wealth of information, including recommended courses and a community of fellow language enthusiasts eager to support your ongoing learning journey.

Learning a new language opens doors to new relationships and perspectives. Your enthusiasm for learning and adapting is your greatest strength in this linguistic voyage. Seize every opportunity to learn, engage, and deepen your understanding of Dutch culture and lifestyle.

Veel succes! (Good luck!) Continue practicing diligently, refining your skills, and most importantly, relishing every step of your Dutch language journey.

Hartelijk dank! (Thank you very much!) for choosing this phrasebook. May your future adventures be filled with meaningful conversations and accomplishments as you immerse yourself further into the fascinating world of languages!

- Adrian Gee

Made in the USA
Las Vegas, NV
17 November 2024

11977346R00142